酒勾康裕／金重燮

ワイワイ 話そう 中級韓国語

25のトピックにチャレンジ

朝日出版社

┌─────────── 音声サイト URL ───────────┐

https://text.asahipress.com/free/korean/
yyhanasokan/index.html

└────────────────────────────────────┘

装丁・イラスト ― 申 智英

はじめに

　本書は初級後半から中級程度の文法や語彙の学習を一通り終えた韓国語学習者を対象として、韓国語で話す活動に重点を置いて作られました。

　韓国語学習の環境は以前に比べると韓国語に容易に触れやすくなり、様々なツールを用いてリアルタイムで韓国の姿を見聞きできるようになりました。学習者の中には幼い時から様々な映像の視聴を通じて、大学生くらいになると一定程度の韓国語が聞き取れるというケースも見られるようになりました。このように積極的に韓国語に触れることができ、インプット量が増えているのは確かと言えますが、反対にアウトプットとなるとその機会は限定的であると言えそうです。このような中、学習者からは「韓国語で話したい」という声も聞かれます。本書ではこのニーズに応えられるよう様々な話題の提供を目指しました。話題は趣味やファッションなどの身近なことが中心ですが、自らの経験や考えを話し、グループ内のメンバーからも聞くことで韓国語を用いた相互理解を深めていくことも目指します。

　執筆者は長年韓国語教育界や日韓交流の様々な現場に立ち会ってきました。韓国での教育現場を振り返ると、日本からの留学生は規則に忠実で真面目、理解や習得が早いものの、話す場面となるとどこか一歩引いていたり、自分のことは表現しきれていない様子が見受けられました。持っている実力を話すことでも発揮し、より大きな自信につなげていくためにも、間違いを恐れずにワイワイと話してみてください。

　本書での一つの課の流れは次のようなものを想定していますが、クラスの状況に応じてアレンジ可能となっています。
　①「話す前に（ウォーミングアップ）」：一定分量の読み物を通じてブレーンストーミングを行います。
　②「語彙および文型の確認」：ウォーミングアップ内、または該当課にある語彙などの意味確認を行ったり、
　　　関連語彙の理解と提示（20課以降省略）に学習者がチャレンジします。
　③「表現練習1」：韓国語での問いに対してグループ内で対話や意見交換を行います。
　④「表現練習2」：「表現練習1」よりも難易度の高い設定の問いについて文章として書いてみて、その後発表をします。そして、その発表内容についてグループやクラス内にて再度意見交換を行います。
　⑤「チャレンジ」：プレゼンなどに繋げられるテーマが設定されており、学習者による自主的な調査を行います。
　　　その後の発表を通じ、内容の理解と共に韓国語を用いた発表に対してより自信を高めることを目指します。

　これら一連の過程には、教師も学習者との対話に入ることでグループや教室内での意見交換や、相互理解を行い、授業の活性化につながることも期待されます。韓国語で自らの考えを表し、相手と伝わる喜びを感じながらさらなる韓国語の実力向上につながり、本書での学習が今後の日韓交流の場面においても役立つ日が来ることを願います。

　最後に本書の企画段階より様々なご助言をいただいた朝日出版社の山田敏之さんをはじめ、関係された皆様に深く感謝申し上げます。

2022年秋

酒匂康裕　金重燮

目次

취미 생활

≪ 趣味生活

● **학습 목표** ｜学習目標｜

❶ 취미를 소개하고 더 자세히 설명할 수 있다. 　趣味を紹介し、より詳しく説明できる。
❷ 취미의 재미에 대해 생각한다. 　　　　　　趣味の面白さについて考える。

● **이야기하기 전에** ｜話す前に（ウォーミングアップ）｜

　여러분 취미가 뭐예요? 음악을 듣는 거예요? 아니면 영화를 보는 거예요?

　취미는 사람마다 다르지만 같은 취미를 가진 사람하고 이야기하거나 같이 취미 활동을 하는 것은 재미있죠? 예를 들면 사진을 찍는 것을 좋아하는 사람하고 같이 여행을 가서 예쁜 사진을 찍거나 요리를 좋아하는 사람들이 모여서 파티도 할 수 있어요.

　또한 다른 취미를 가진 사람한테서 그 취미의 이야기를 듣는 것도 재미있을 거예요. 그러면서 다른 취미를 가지는 기회도 되겠죠?

　오늘은 서로 취미에 대해서 이야기해 볼까요?

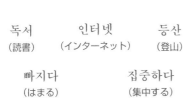

● 어휘 및 문형 확인 ｜語彙および文型の確認｜

활동	活動	– 들	～達、～ら	파티	パーティー
또한	また	그러면서	そうしながら	기회	機会
名 에 대해서	～について	名 을 / 를 통해서	～を通じて	선호되다	好まれる
名 마다	～ごと、により	動 거나		～したり	

● **주제 관련 어휘** ｜テーマ関連語彙｜

독서　　　　인터넷　　　등산
(読書)　　(インターネット)　(登山)

빠지다　　　　집중하다
(はまる)　　　(集中する)

내가 아는
● **주제 관련 어휘** ｜私が知っているテーマ関連の語彙｜
　　　　　　　　　　（下のスペースに書き出してみよう）

표현 연습 |表現練習| **1**

■ **한 사람이 사회를 보면서 그룹 내에서 서로 이야기해 보세요.**
一人が司会をしながらグループ内でお互いに話をしてみてください。

① **취미가 뭐예요? 각자 소개해 보세요.**
趣味は何ですか。各自紹介してください。

② **그 취미는 언제 시작했어요? 언제, 어디서 누구하고 해요?**
その趣味はいつ始めましたか。いつ、どこで誰としますか。

③ **그 취미의 좋은 점과 안 좋은 점을 소개해 주세요.**
その趣味のいい点とよくない点を紹介してください。

④ **취미와 일 사이에서 문제가 되는 일은 없어요?**
趣味と仕事の間で問題になることはありませんか。

표현 연습 |表現練習| **2**

1. **자신의 취미를 소개하는 글을 쓰고 이야기 해 보세요.**
私の趣味を紹介する文を書いて話してください。

제 취미는
_____
_____
_____

2. **취미 활동을 통해서 겪은 재미있는 이야기를 쓰고 이야기 해 보세요.**
趣味活動を通じて経験した面白い話を書いて話してください。

_____
_____
_____
_____

■ **다음 과제를 조사해서 발표/제출하세요.** 次の課題を調べて発表/提出してください。

한국과 일본의 세대별로 선호되는 취미의 차이점에 대해서 알아 보세요.
韓国と日本の世代別による好まれる趣味の違いについて調べてください。

제2과 좋아하는 영화·TV ≪ 好きな映画やテレビ番組

● 학습 목표 │学習目標│

❶ 좋아하는 영화나 텔레비전 프로그램에 대해 소개하고 자세히 설명한다.
好きな映画やテレビ番組について紹介し、詳しく説明する。

❷ 영화나 텔레비전을 통해 얻는 것이나 영향에 대해 생각한다.
映画やテレビを通じて得られることや影響について考える。

● 이야기하기 전에 │話す前に（ウォーミングアップ）│

좋아하는 영화나 TV 프로그램이 있어요? 영화는 영화관에서도 볼 수 있고 집에서도 볼 수 있는데 어디서 보는 것이 좋아요? 그리고 텔레비전은 매일 보죠? 매일 보는 프로그램도 있고 주말에만 보는 것도 있을 거예요.

영화나 텔레비전은 재미있는 프로그램을 보는 것이 좋아요. 그런데 너무 많이 보는 것도 문제가 되겠죠? 어떤 문제가 있는지 생각해 보세요.

그리고 영화나 TV를 보는 것이 한국어 공부에 도움이 많이 된다고 생각해요? 같이 이야기하면서 생각해 보세요.

● 어휘 및 문형 확인 │語彙および文型の確認│

문제	問題	도움	助け	– 편	～編、～本
가장	最も	감동	感動	영향을 끼치다	影響を及ぼす
동영상	動画	경험	経験	바탕	元、基

動 (으)ㄹ 수 있다	～することができる	動·存 는데	～する・あるけど

● 주제 관련 어휘 │テーマ関連語彙│

극장　　　좌석　　　개봉
(劇場、映画館)　(座席)　(封切り、公開)

방송국　　오락 프로　　시사
(放送局)　(バラエティー)　(時事)

내가 아는

● 주제 관련 어휘 │私が知っているテーマ関連の語彙│
（下のスペースに書き出してみよう）

표현 연습 ｜表現練習｜ **1**

■ 한 사람이 사회를 보면서 그룹 내에서 서로 이야기해 보세요.
一人が司会をしながらグループ内でお互いに話をしてみてください。

① 1년에 영화를 몇 편 정도 봐요? 주로 어디서 봐요?
1年に映画を何本くらい見ますか。主にどこで見ますか。

② 그 동안 본 영화 중에서 가장 감동 받은 영화가 뭐예요? 소개해 보세요.
これまで見た映画のうち、最も感動した映画は何ですか。紹介してください。

③ 한국 영화관에서 영화를 본 적이 있어요? 있으면 일본하고 차이가 뭐예요?
韓国の映画館で映画を見たことがありますか。あったら日本との違いは何ですか。

④ TV는 우리 생활에 어떤 영향을 끼친다고 생각해요?
テレビは私たちの生活にどんな影響を及ぼすと考えますか。

표현 연습 ｜表現練習｜ **2**

1. 요즘 핸드폰으로 동영상을 보는 사람도 있는데 편리한 면도 있고 안 그런 면도 있을 거예요.
이 두가지 면에 대해서 각자의 생각을 이야기해 보세요.
最近スマホで動画を見る人もいますが、便利な面もあったりそうでない面もあるでしょう。この2つの面についてそれぞれ
の考えを話してください。

핸드폰으로 동영상을

2. 영화나 TV프로를 보는 것이 한국어 공부에 도움이 된다고 해요. 왜 도움이 되는지 자신의
경험을 바탕으로 이야기해 보세요.
映画やテレビ番組を見ることが韓国語の勉強に役立つと言います。なぜ役立つのか自身の経験を元にしてください。

■ 다음 과제를 조사해서 발표/제출하세요.　次の課題を調べて発表/提出してください。

한국과 일본의 인기 오락 프로그램 특징에는 어떤 차이가 있어요?
韓国と日本の人気バラエティ番組の特徴にはどんな違いがありますか。

제 3 과 내가 잘하는 것 ≪ 私が得意なこと

● 학습 목표 |学習目標|

1 자신이 잘하는 것에 대해 자세히 설명을 한다. 自身の得意なことについて詳しく説明をする。
2 자신의 능력 개발에 대해 생각해 본다. 自身の能力開発について考えてみる。

● 이야기하기 전에 |話す前に（ウォーミングアップ）|

　내가 하고 싶은 것이 있어서 계속하다가 어느새 내가 제일 잘하게 된 것도 있을 거예요. 그게 취미로 하는 경우가 있고 또한 직업이 되는 경우도 있을 거예요. 지금 말하고 있는 한국어도 여러분한테는 그 중의 하나가 되겠죠?

　반대로 잘하는 것이 아니고 잘 못하는 것도 있을 거예요. 여러분 그게 뭐예요?

　그리고 지금 잘 못해도 필요성을 느껴서 도전한 결과 잘할 수 있게 된 것도 있을 거예요.

　이번에는 잘하는 것에 대해 이야기해 보면서 서로가 더욱 발전할 수 있는 방법을 모색해 보세요.

● 어휘 및 문형 확인 |語彙および文型の確認|

어느새	いつの間にか	경우	場合	반대	反対
도전하다	挑戦する	특별하다	特別だ	자격	資格
추천	推薦	노력	努力	능력	能力

動 게 되다	～ようになる	動 (으)면서	～しながら

● 주제 관련 어휘 |テーマ関連語彙|

뛰어나다　발전하다　남
(優れている)　(発展する)　(ほか、他人)

자랑하다　　조건
(自慢する)　(条件)

내가 아는
● 주제 관련 어휘 |私が知っているテーマ関連の語彙|
(下のスペースに書き出してみよう)

표현 연습 │表現練習│ **1**

■ 한 사람이 사회를 보면서 그룹 내에서 서로 이야기해 보세요.
一人が司会をしながらグループ内でお互いに話をしてみてください。

① 남보다 잘할 수 있다고 생각하는 것에 대해 자랑해 보세요.
他の人より得意だと考えることについて自慢してください。

② 위 ①에서 소개한 잘하는 것에는 특별한 자격이나 조건, 기술이 필요해요?
上の①で紹介した得意なことには特別な資格や条件、技術が必要ですか。

③ 내가 제일 잘하고 좋아하는 것을 남에게 추천하려고 해요. 그 이야기를 듣는 사람이 하고 싶어하는 마음이 생기도록 어필해 보세요.
私が一番得意で好きなことを他の人に勧めようと思います。この話を聞く人がやってみたい気持ちになるようアピールしてください。

④ 나는 노력을 하는데 잘 못하는 것을 소개해 보세요.
私が努力していても上手にできないことを紹介してみてください。

표현 연습 │表現練習│ **2**

1. 한국어 능력(듣기, 말하기, 읽기, 쓰기) 중에서 제일 잘하는 것이 뭐예요? 그리고 못하는 것은 뭐예요?
韓国語能力（聞く、話す、読む、書く）のうち、一番得意なことはどれですか。そして、苦手なことは何ですか。

제가 제일 잘하는

2. 한국어 능력 중에서 잘하는 것을 더 잘하게 되고 잘 못하는 것을 잘하게 되는 방법에 대해 적어 보세요. 韓国語能力（聞く、話す、読む、書く）のうち、得意なことがもっと得意になり、そして得意でないことが得意になる方法について書いてください。

■ 다음 과제를 조사해서 발표/제출하세요. 次の課題を調べて発表/提出してください。

우리가 앞으로 더 충실한 생활(a.일상생활, b.직장생활)을 보내기 위해 a.와 b. 중에서 각각 어떤 능력 개발이 필요한지 생각해 보세요.
私たちがこれから更に充実した生活（a. 日常生活、b. 職場生活）を送るために、a.とb.のうち、それぞれでどんな能力開発が必要か考えてください。

제4과 추억 여행 《 思い出の旅行

● 학습 목표 |学習目標|

① 추억에 남는 여행에 대해 소개하고 설명한다.
思い出に残っている旅行について紹介して、説明する。

② 여행의 종류를 알고 이상적인 여행에 대해 이야기한다.
旅行の種類を知り、理想的な旅行について話す。

● 이야기하기 전에 |話す前に（ウォーミングアップ）|

여행을 떠나면 일상에서 벗어나서 마치 내가 사는 곳과 다른 세상에 왔다고 느낄 때가 있을 거예요. 여행을 떠나기 전에 준비할 때, 여행을 가서 새로운 것을 발견하고 잊지 못할 추억을 만들 때, 여행이 끝나고 다시 되돌아볼 때, 여행을 통해서 좋은 추억들을 만들면서 많은 이야기를 할 수 있어요. 그 안에는 좋은 추억들뿐만 아니라 실수를 해서 별로 좋지 않은 추억도 있겠지요?

이번에는 친구들하고 같이 여행 이야기를 나누고 여행 계획을 세워 보면서 잊지 못할 추억들을 만들어 봐요.

● 어휘 및 문형 확인 |語彙および文型の確認|

떠나다	出る、発つ	일상	日常	벗어나다	抜け出す
마치	まるで	되돌아보다	振り返る	실수	ミス
혼자	ひとり	수학여행	修学旅行	생각이 나다	思い出す

動 지 못하다	～できない	動 아/어 보다	～してみる

● 주제 관련 어휘 |テーマ関連語彙|

티켓 （チケット）　목적지 （目的地）　출발하다 （出発する）

경유하다 （経由する）　도착하다 （到着する）

내가 아는

● 주제 관련 어휘 |私が知っているテーマ関連の語彙|
（下のスペースに書き出してみよう）

표현 연습 |表現練習| **1**

■ 한 사람이 사회를 보면서 그룹 내에서 서로 이야기해 보세요.
一人が司会をしながらグループ内でお互いに話をしてみてください。

① 지금까지 간 여행 중에서 가장 추억에 남는 여행이 있다면 뭐예요?
これまで行った旅行のうち最も思い出に残っている旅行があるとすれば何ですか。

② 혼자 가는 여행을 좋아해요? 아니면 누구하고 같이 가는 것을 좋아해요?
一人で行く旅行が好きですか。そうでなければ誰と一緒に行くのが好きですか。

③ '배낭 여행'이라는 말을 들어 봤어요? 해 본 적이 있어요? 해 본 적이 없으면 해 보고 싶어요?
「バックパック旅行」ということばを聞いたことがありますか。してみたことがありますか。したいですか。

④ 수학여행에 대한 추억 이야기를 해 보세요.
修学旅行についての思い出話をしてください。

표현 연습 |表現練習| **2**

1. 우리(그룹 멤버)는 같이 여행을 갈 거예요. 어디로 갈까요? 무엇을 할까요? 생각이 나는 대로 적어 보세요.
私たち（グループメンバー）は一緒に旅行に行きます。どこに行きましょうか。何をしましょうか。思いつく限り書いてください。

우리 여행은

2. 여행을 갈 때 준비해야 할 것이 무엇일까요? 왜 그것이 필요해요?
旅行に行く時、準備しなければならないことは何がありますか。なぜそれが必要ですか。

챌린지
チャレンジ

■ 다음 과제를 조사해서 발표/제출하세요.   次の課題を調べて発表/提出してください。

위 표현연습 2에서 이야기한 내용을 그룹별(개인별)로 발표해 보세요.
上の表現練習2で話した内容をグループ別（個別）で発表してください。

제 5 과   우리 동네 안내   ≪ 私の町を案内する

● 학습 목표 |学習目標|

❶ 내가 사는 동네에 대해 알고 주변 친구들한테 소개한다.
私が住んでいる町を知り、周りの友だちに紹介する。

❷ 사는 동네, 지역, 도시를 안내할 수 있는 일정을 짜서 소개한다.
住んでいる町、地域、都市が案内できる日程を組んで紹介する。

● 이야기하기 전에 |話す前に (ウォーミングアップ)|

여러분 지금 사는 곳이 어디예요? 어렸을 때부터 계속 같은 곳에 살아요? 아니면 이사를 했어요? 살고 싶은 동네가 있어서 이사를 한 경우도 있을 거예요.

그리고 "살면 고향"이라는 말이 있듯이 짧게 살아도 그 곳이 마음에 드는 경우도 있어요.

지금 사는 곳의 유명한 것이나 다른 사람들한테 소개하고 싶은 곳이 있나요? 여러분이 사는 동네를 친구들한테 소개해 보세요. 그리고 나중에 한 번 같이 가요.

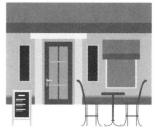

● 어휘 및 문형 확인 |語彙および文型の確認|

동네	町、町内	어리다	幼い	계속	ずっと、続けて
이사하다	引っ越す	고향	ふるさと	나중에	後で
볼거리	見どころ	당일 치기	日帰り	일정을 짜다	日程を組む

名 (이)라는	~という		存 듯이	~あるように

● 주제 관련 어휘 |テーマ関連語彙|

관광   구경   토박이
(観光)   (見物)   (地元の人)

먹을거리   도보
(食べ物)   (徒歩)

내가 아는
● 주제 관련 어휘 |私が知っているテーマ関連の語彙|
(下のスペースに書き出してみよう)

표현 연습 |表現練習| **1**

■ 한 사람이 사회를 보면서 그룹 내에서 서로 이야기해 보세요.
一人が司会をしながらグループ内でお互いに話をしてみてください。

① 지금 사는 곳이 어디예요? 집에서 학교까지 멀어요?
今、住んでいるところはどこですか。家から学校まで遠いですか。

② 사는 동네에서 유명한 음식이 뭐예요? 맛이 어때요?
住んでいる町の有名な食べ物は何ですか。味はどうですか。

③ 유명한 볼거리가 뭐예요? 왜 사람들이 그것을 보러 올까요?
有名な見どころは何ですか。なぜ人々はそれを見にくるのでしょうか。

④ 내가 사는 동네에 손님이 와요. 당일 치기 코스를 간단하게 소개해 주세요.
住んでいる町にお客さんが来ます。日帰りコースを簡単に紹介してください。

표현 연습 |表現練習| **2**

1. 한국에서 손님이 와요. 이 손님은 일본에 처음에 와요. 하루 동안 안내를 하는데 어디를
안내할까요? 가 볼 만한 곳, 먹을 것 등 들어 보고 이야기 해 보세요.
韓国からお客さんが来ます。このお客さんは日本に初めて来ます。一日案内をするのですが、どこを案内しましょうか。
見どころや食べものなどを挙げて話してください。

먼저 안내할 곳은
_____

_____

_____

2. 1.에서 들어본 곳을 그 손님한테 좋은 추억이 될 수 있도록 일정을 짜서 설명해 보세요.
1.で挙げたところをそのお客さんにいい思い出になるようにスケジュールを組んで説明してください。

_____

_____

_____

챌린지
チャレンジ

■ 다음 과제를 조사해서 발표/제출하세요.   次の課題を調べて発表/提出してください。

동네 유명한 건물, 공원, 박물관 등 어떤 시설에 대해 역사, 규모 등을
자세히 조사하세요.
町の有名な建物、公園、博物館等、ある施設について歴史や規模等を詳しく調べてください。

아르바이트하기 ≪ アルバイトをすること

❶ 과거에 했던 또는 현재 하고 있는 아르바이트에 대해 이야기해 본다.
過去にしたことのある、または現在しているアルバイトについて話す。

❷ 아르바이트의 장단점이나 의미에 대해 생각한다.
アルバイトの長所や短所、意味について考える。

● **이야기하기 전에** |話す前に（ウォーミングアップ）|

대학생이 되면 고등학생과 달리 자유롭게 사용할 수 있는 시간이 많이 생겨요. 수업 시간 외에는 자신의 취미나 동아리 활동을 열심히 할 수 있고 아르바이트도 많이 할 수 있어요. 혹시 지금 아르바이트를 하고 있어요?

아르바이트를 할 때 어떤 조건이 중요할까요? 그리고 아르바이트를 하는 목적이 뭐예요? 아르바이트로 돈을 벌면 내 마음대로 용돈을 쓸 수 있기 때문이라는 것도 목적이 될 수 있을 거예요. 그러나 너무 열심히 해서 학생의 본분을 잃으면 안 되죠.

아르바이트를 통해서 다양한 경험을 쌓을 수도 있고 아르바이트를 하는 의미가 여러가지 있을 거예요. 이번에는 아르바이트에 대해 같이 이야기해 봐요.

● **어휘 및 문형 확인** |語彙および文型の確認|

자유롭게	自由に	동아리	サークル	혹시	もしかして
조건	条件	벌다	稼ぐ、儲ける	용돈	お小遣い
본분	本分	경험을 쌓다	経験を積む	보람을 느끼다	やりがいを感じる

名 와 / 과 달리	～と異なり	名 에 대해	～について

● **주제 관련 어휘** |テーマ関連語彙|

알바
(バイト)

시급
(時給)

과외
(家庭教師)

편의점
(コンビニ)

배달
(デリバリー)

서빙
(ホール、接客)

내가 아는

● **주제 관련 어휘** |私が知っているテーマ関連の語彙|
(下のスペースに書き出してみよう)

표현 연습 |表現練習| **1**

■ 한 사람이 사회를 보면서 그룹 내에서 서로 이야기해 보세요.
一人が司会をしながらグループ内でお互いに話をしてみてください。

① 그 동안 해 봤던 아르바이트를 간단하게 소개해 보세요.
これまでしたことがあるアルバイトを簡単に紹介してください。

② 아르바이트 중에서 제일 ○○했던 것에 대해 이야기해 보세요.
アルバイトのうち、最も○○だったことについて話してください。

③ 아르바이트를 통해서 보람을 느낀 것은 어떨 때인가요? 이야기해 보세요.
アルバイトを通じてやりがいを感じたことはどんな時ですか。話してください。

④ 아르바이트를 선택할 때 어떤 조건이 제일 중요해요?
アルバイトを選ぶ時、どのような条件が一番重要ですか。

표현 연습 |表現練習| **2**

1. 자신의 경험을 통해서 대학생으로서 아르바이트를 하는 장단점에 대해 서로 의견을 나눠 보세요.
自身の経験を通じて大学生がアルバイトをする長所や短所についてお互いに意見を交換してください。

제가 생각하는

2. 아르바이트는 하나만 집중해서 하는 것이 좋은지, 아니면 여러 가지 조금씩 나눠서 하는 것이 좋은지 여러분 생각은 어때요?
アルバイトは一つだけ続けるのがいいのか、またはいくつかを少しずつするのがいいか、皆さんの考えはどうですか。

챌린지

チャレンジ

■ 다음 과제를 조사해서 발표/제출하세요. 次の課題を調べて発表/提出してください。

한국과 일본의 아르바이트에 대해 다음 항목을 참조해서 비교해 보세요.
*인기 업종, 시급, 기간 등
韓国と日本のアルバイトについて次の項目を参照して比較してください。 *人気業種、時給、期間等

제 7 과 친구 사귀기 ≪ 友だちとのつきあい

● **학습 목표** |学習目標|

❶ 어렸을 때 친구, 지금, 그리고 앞으로 친구와 사귀는 것에 대해 생각한다.
幼い時の友だち、今、そしてこれからの友だちとのつきあいについて考える。

❷ 아름다운 우정에 대해 서로 의견을 교환한다.
友情の美について意見を交換する。

8

● **이야기하기 전에** |話す前に（ウォーミングアップ）|

　사람은 혼자 살 수 있는 존재가 아닌 것은 누구나 다 알죠? 부모님, 형제, 자매, 친척, 이웃 사람 등 많은 사람들과 같이 살아요. 그럼 친구는 우리 인생에서 어떤 존재일까요?

　친구라고 해도 어렸을 때 친구, 중·고등학생 때 친구, 대학에 들어와서 알게 된 친구, 아르바이트 하면서 만난 친구, 다양한 친구가 있을 거예요. 그러면 그 친구하고 친하게 된 계기가 뭐였어요? 그리고 친구하고 어쩌다가 싸우게 돼서 거리가 멀어지고 이제 만나지도 못하는 슬픈 추억도 있을 거예요.

　오늘은 나에게 소중한 친구들에 대해 재미있고 깊은 이야기를 나눠 보세요.

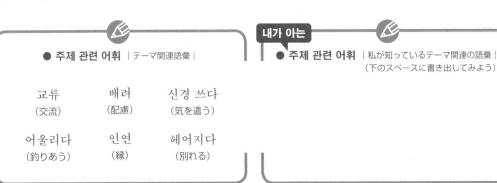

● **어휘 및 문형 확인** |語彙および文型の確認|

사귀다	つきあう	존재	存在	이웃사람	隣人
계기	きっかけ	어쩌다가	偶然に、思いかけず	거리	距離
추억	思い出	우정	友情	예의	礼儀

名 (이) 라고 해도	～と言っても	形 아 / 어 지다	～く / になる

● **주제 관련 어휘** |テーマ関連語彙|

교류 （交流）	배려 （配慮）	신경 쓰다 （気を遣う）
어울리다 （釣りあう）	인연 （縁）	헤어지다 （別れる）

내가 아는
● **주제 관련 어휘** |私が知っているテーマ関連の語彙|
（下のスペースに書き出してみよう）

표현 연습 | 表現練習 | **1**

■ 한 사람이 사회를 보면서 그룹 내에서 서로 이야기해 보세요.
　一人が司会をしながらグループ内でお互いに話をしてみてください。

① 우리들에게 친구가 되는 계기나 조건이 무엇일까요?
　私たちにとって友だちになるきっかけや条件は何ですか。

② 제일 오래 사귄 친구에 대해 소개해 보세요.
　一番つきあいの長い友だちについて紹介してください。

③ 친구가 있어서 정말 고맙다고 느꼈을 때의 에피소드에 대해 소개해 보세요.
　友だちがいて本当にありがたいと感じた時のエピソードを紹介してください。

④ 일본 친구를 사귈 때, 그리고 한국이나 다른 나라 친구와 사귈 때 차이점이 있다면 뭘까요?
　日本の友だちとつきあう時、そして韓国やほかの国の友だちとつきあう時の違いがあるとしたら何ですか。

표현 연습 | 表現練習 | **2**

1. 남자와 여자 사이에는 우정이 있다고 생각하는 편이에요? 아니면 없다고 생각하나요? 서로 의견을 나눠 보세요.
　男性と女性の間には友情があると考える方ですか。それともないと考えますか。お互いに意見を交わしてください。

　제 생각으로는

2. 일본어에는 '친한 사이에도 예의가 있다' 라는 말이 있어요. 이 말에 대해 어떻게 생각해요?
　日本では「親しき仲にも礼儀あり」ということばがあります。このことばについてどう考えますか。

■ 다음 과제를 조사해서 발표/제출하세요.　次の課題を調べて発表/提出してください。

지금까지 만난 친구, 그리고 앞으로 만날 친구와 오랫동안 사귀기 위한 방법에는 어떤 것이 있을지 자신의 생각을 정리하세요.
これまで会った友だち、そして今後出会う友だちと長くつきあうための方法について自身の考えをまとめてください。

스포츠와 건강

≪ スポーツと健康

● **학습 목표** | 学習目標 |

❶ 좋아하는 스포츠에 대해 이야기해 본다.　好きなスポーツについて話す。
❷ 건강 관리 방법에 대해 생각해 본다.　健康管理の方法について考える。

● **이야기하기 전에** | 話す前に（ウォーミングアップ）|

　여러분은 건강 관리를 어떻게 하세요? 날마다 정해진 시간에 운동하나요? 운동을 하는 것보다 보는 것을 더 좋아하는 사람도 있지만 그래도 운동을 하는 건 여러 면에서 좋은 점들이 많을 거예요.

　운동하면 땀도 흘릴 수 있어서 기분도 상쾌해져 스트레스 해소도 되는데 너무 억지로 운동을 하면 역효과가 날 수도 있지요. 아무래도 자신의 컨디션에 맞는 운동을 하는 것이 오래 운동을 계속할 수 있는 비결인 것 같아요.

　한편 운동 경기를 보면서 큰 소리로 응원하거나 자신이 좋아하는 팀이나 선수가 이기면 기분이 좋아져서 기분전환이 될 수도 있어요. 운동을 하는 것과, 보는 것의 각각 장단점에 대해 같이 이야기해 보세요.

● **어휘 및 문형 확인** | 語彙および文型の確認 |

정하다	決める	땀	汗	흘리다	流す
상쾌하다	爽快だ	해소	解消	억지로	無理に
역효과	逆効果	응원	応援	소리	声

動 (으) ㄹ 수도 있다	～することもある	名 인 것 같다	～のようだ

● **주제 관련 어휘** | テーマ関連語彙 |

야구　프로　경기
(野球)　(プロ)　(競技)

기록　습관
(記録)　(習慣)

내가 아는
● **주제 관련 어휘** | 私が知っているテーマ関連の語彙 |
　　　　　　　　　　　　 (下のスペースに書き出してみよう)

표현 연습 │表現練習│ **1**

■ 한 사람이 사회를 보면서 그룹 내에서 서로 이야기해 보세요.
一人が司会をしながらグループ内でお互いに話をしてみてください。

① 지금 정기적으로 운동하나요? 운동을 하지 않더라도 앞으로 하고 싶어요?
今、定期的に運動していますか。運動をしていなくても、これからしたいですか。

② 중학생이나 고등학생 때 클럽 활동을 했어요? 그 때 어땠어요?
中学生や高校生の時、クラブ活動をしましたか。その時どうでしたか。

③ 자신이 좋아하는 스포츠에 대해 왜 좋아하는지 그 이유에 대해 같이 말해 보세요.
自身が好きなスポーツについてなぜ好きなのか、その理由について一緒に話してください。

④ 스포츠 응원 중에서 재미있는 것이 있으면 소개해 보세요.
スポーツの応援のうち、おもしろいものがあれば紹介してください。

표현 연습 │表現練習│ **2**

1. 스포츠를 통해서 얻는 것에 대해 생각하고 이야기해 보세요.
スポーツを通じて得られることについて話してください。

　스포츠를 통해서

2. 건강을 유지하기 위해서는 어떤 운동이 효과적이라고 생각하는지 이야기해 보세요.
健康を維持するためにはどのような運動が効果的と考えるか話してください。

■ 다음 과제를 조사해서 발표/제출하세요.　次の課題を調べて発表/提出してください。

일본과 한국에서 인기가 있는 스포츠에 대해 비교해 보세요.
日本と韓国で人気があるスポーツについて比べてください。

제 **9** 과 　スト레스 해소법　≪ ストレス解消法

● **학습 목표** ｜学習目標｜

❶ 스트레스 해소법에는 어떤 것이 있는지 이야기해 본다.
　ストレス解消法にはどのようなものがあるか話す。

❷ 스트레스 대처 방법에 대해 생각해 본다.
　ストレス対処法について考える。

● **이야기하기 전에** ｜話す前に（ウォーミングアップ）｜

　여러분은 스트레스라는 말을 언제부터 사용하기 시작했어요? 어렸을 때는 스트레스라는 말을 쓴 적이 없었는데 어느새 사용하기 시작했죠? 그러면 우리는 언제 어떨 때 스트레스를 받는 걸까요?

　사람들과 같이 일을 할 때 생각이나 방법이 달라서 부딪칠 때가 있어요. 이럴 때 같이 해결해 주는 사람이 있으면 좋은데 안 그러면 서로가 힘들어져서 스트레스가 쌓일 거예요. 그리고 내가 꼭 하고 싶은 일을 하고자 할 때 잘 안 되는 경우도 스트레스가 되겠죠? 이런 경우 여러분 어떻게 해결해요? 스트레스가 쌓이면 몸에도 마음에도 안 좋은 영향을 끼쳐요. 이번에는 스트레스를 속 시원하게 푸는 방법에 대해 같이 이야기해 보세요.

● 어휘 및 문형 확인 ｜語彙および文型の確認｜

해소법	解消法	사용하다	使う	부딪치다	ぶつかる
해결하다	解決する	쌓이다	溜まる	잘되다	うまくいく
시원하다	すっきりする	풀다	解く、解消する	신경을 쓰다	気を遣う

動 기 시작하다	〜しはじめる		動 고자 하다	〜しようとする

● 주제 관련 어휘 ｜テーマ関連語彙｜

노래 부르기　　쇼핑　　　회식
（歌を歌うこと）　（買い物）　（会食）

　　수다를 떨다　　　배려하다
　　（おしゃべりする）　（配慮する）

내가 아는

● 주제 관련 어휘 ｜私が知っているテーマ関連の語彙｜
　　　　　　　　　（下のスペースに書き出してみよう）

표현 연습 |表現練習| **1**

■ 한 사람이 사회를 보면서 그룹 내에서 서로 이야기해 보세요.
一人が司会をしながらグループ内でお互いに話をしてみてください。

① 스트레스라는 말을 언제부터 쓰기 시작했어요?
ストレスということばをいつから使いはじめましたか。

② 생활하면서 어떨 때 스트레스를 받아요?
生活しながらどのような時にストレスを受けますか。

③ 스트레스가 쌓이지 않게 하는 방법이 있으면 소개해 보세요.
ストレスが溜まらないようにする方法があれば紹介してください。

④ 스트레스를 푸는 가장 좋은 방법을 설명해 보세요.
ストレスを解消する最もいい方法を説明してください。

표현 연습 |表現練習| **2**

1. 가족이나 친구들이 여러분을 위해 신경을 써 주는 경우가 있을 거예요. 이것도 스트레스라고 보는 사람도 있는데 어떻게 생각해요?
家族や友だちが皆さんのために気を遣ってくれる場合があると思います。これもストレスと見る人もいますがどのように考えますか。

제 생각은

2. 스트레스는 어느 정도 받는 것도 좋다고 해요. 어느 정도가 적당한지 구체적인 예를 들면서 서로 의견을 나눠 보세요.
ストレスはある程度受けるのもいいと言います。どの程度が適当であるか具体的な例を挙げながらお互いの意見を交わしてください。

■ 다음 과제를 조사해서 발표/제출하세요. 次の課題を調べて発表/提出してください。

일본과 한국의 젊은 사람들이 받는 스트레스 중 가장 많은 것이 무엇인지 조사해 보세요.
韓国と日本の若者が受けるストレスのうち最も多いものが何であるか、調べてください。

제 **10** 과 추천하고 싶은 물건 ≪ おすすめしたい品

● 학습 목표 │学習目標│

❶ 평상시 사용하는 주변의 물건을 다른 사람에게 자세히 설명한다.
普段使用している身の回りの物のうち、他人に詳しく説明する。

❷ 어떤 물건을 구입하거나 선물을 줄 때의 기준이나 이유에 대해 생각한다.
ある物を手に入れたりプレゼントをあげる時の基準や理由について考える。

● 이야기하기 전에 │話す前に（ウォーミングアップ）│

여러분 주변에는 많은 물건들이 있죠? 그 중에서 자주 사용하는 것이 뭐예요? 자신이 취미로 사용하는 것도 있을 것이고 일 때문에 사용하는 것도 있을 거예요.

그러면 그 물건 중에서 가장 마음에 드는 것이 있어요? 남에게 꼭 추천할 만한 것이 있다면 어떤 거예요? 내가 좋아하는 것을 다른 사람도 좋아한다면 기분이 나쁘지 않죠? 그런데 반대로 나에게는 좋은 거라도 다른 사람 입장에서 보면 아무 쓸모가 없는 경우도 있어요. '친구한테 선물했는데 반응이 별로…' 혹시 이런 경험이 있어요? 물건도 취향이나 목적에 따라 그 가치가 다르게 된다는 거네요. 이번에는 그러한 물건에 대해 이야기해 보세요.

● 어휘 및 문형 확인 │語彙および文型の確認│

자주	しょっちゅう	마음에 들다	気に入る	추천하다	推薦する、おすすめする
입장	立場	쓸모가 없다	役に立たない	반응	反応
별로	別に	취향	好み	물건	もの、物品

動 (으)ㄹ 만하다	~するだけのことがある	名 에 따라	~によって

● 주제 관련 어휘 │テーマ関連語彙│

평상시 　　추천 　　구입
(普段)　(推薦、おすすめ)　(購入)

　거절하다 　　매력
　(断る) 　　(魅力)

내가 아는

● 주제 관련 어휘 │私が知っているテーマ関連の語彙│
（下のスペースに書き出してみよう）

표현 연습 |表現練習| **1**

■ 한 사람이 사회를 보면서 그룹 내에서 서로 이야기해 보세요.
一人が司会をしながらグループ内でお互いに話をしてみてください。

① 평상시에 자주 쓰는 물건이 뭐예요? 학교나 집, 직장 등 장면을 정해서 소개해 보세요.
普段よく使う物は何ですか。学校や家、職場等の場面を決めて紹介してください。

② 위에서 소개한 물건 중에서 자신이 제일 마음에 드는 것이 뭐예요? 그리고 그 이유가 뭐예요?
上で紹介した物の中で自身が一番気に入ったものは何ですか。そして、その理由は何ですか。

③ ②의 물건을 남에게 추천하고 싶어요. 그 말을 들은 사람이 쓰고 싶어지도록 그 물건의 장단점에 대해 같이 말해 보세요.
②の物を人におすすめしたいです。これを聞いた人が使いたくなるよう、その物の長所や短所について話してください。

④ 친구한테서 선물을 받았어요. 너무 고맙긴 한데 가만히 생각해 보니까 내게는 맞지 않아서 곤란했던 경우가 있어요? 이야기해 보세요.
友だちからプレゼントをもらいました。とてもありがたいけど、よく考えてみると私には合わなくて困ったという場合がありますか。話してみてください。

표현 연습 |表現練習| **2**

1. 요즘 자신의 주변에서 유행하는 것을 하나 들어 보고 그것이 왜 유행하는지에 대해 서로 의견을 나눠 보세요.
最近、自身の周辺で流行しているものを一つ挙げてみて、それがなぜ流行しているのかについてお互いに意見を交換してください。

제 주변에서 유행하는

2. 어떤 물건을 사려고 가게에 갔는데 사려고 한 것이 없어서 다른 물건을 점원한테서 추천을 받았어요. 그 추천에 따라 바로 사는 편이에요? 아니면 더 생각하고 나서 결정하나요?
あるものを買おうと店に行ったけど、買おうと思ったものがなく別のものを店員からおすすめをされました。そのおすすめによってすぐに買う方ですか。そうでなければもっと考えてから決めますか。

■ 다음 과제를 조사해서 발표/제출하세요. 次の課題を調べて発表/提出してください。

문구점에서 요즘 인기가 있는 것은 어떤 것인지 알아보고 한국의 물건과 비교해 보세요.
文具店で最近人気があるものにはどのようなものがあるかを調べてみて、韓国のものと比べてください。

● 학습 목표 | 学習目標 |

❶ 다양한 쇼핑 장소나 쇼핑 방법에 대해 이야기한다.   様々な買い物の場所や買い方について話す。

❷ 알뜰한 쇼핑 방법에 대해 생각한다.   賢い買い物の方法について考える。

● 이야기하기 전에 | 話す前に（ウォーミングアップ） |

필요한 물건이 있으면 보통 어디에서 사요? 자주 가는 가게가 있거나 친구한테서 소문 듣고 가는 가게도 있지요. 아니면 밖에 안 나가도 되는 인터넷 쇼핑몰 등을 이용하나요?

소비자 입장에서 보면 같은 물건을 조금이라도 싸게 파는 가게를 찾게 되지만 과연 이게 좋다고만 할 수 있을까요? 그리고 서비스라고 해서 하나만 있으면 되는 것을 같은 물건 두 개씩 주거나 굳이 필요 없는 것을 덤으로 주는 경우도 있는데 이게 정말 기뻐할 일인가요?

오랫동안 사고 싶었던 물건을 산다는 것은 기분이 너무 좋은 건데 기분이 더 좋게 사기 위해서 어떤 방법이 있는지 같이 생각해 보세요.

● 어휘 및 문형 확인 | 語彙および文型の確認 |

알뜰하다	切り盛り上手	소문	噂	과연	果たして
굳이	あえて	덤	おまけ	보통	普通
흥정	値段交渉	무조건	無条件	줄을 서다	列を作る、並ぶ

動 기 위해	～するために	動 는지	～するか

● 주제 관련 어휘 | テーマ関連語彙 |

소비자   할인   세일
(消費者)   (割引)   (セール)

쇼핑몰   아이쇼핑
(ショッピングモール)   (ウィンドウショッピング)

내가 아는
● 주제 관련 어휘 | 私が知っているテーマ関連の語彙 |
（下のスペースに書き出してみよう）

표현 연습 |表現練習| **1**

■ 한 사람이 사회를 보면서 그룹 내에서 서로 이야기해 보세요.
一人が司会をしながらグループ内でお互いに話をしてみてください。

① 우리가 물건을 살 때 보통 어떤 가게에 가는지 생각해 보고 가게 종류를 최대한 많이 들어 보세요. (예: 백화점, 마트 등)
私たちが物を買う時、普通どのような店に行くか考えてみて、店の種類を最大限挙げてください。

② 필요한 물건을 살 때 혼자 사러 가는 편이에요? 아니면 누구와 같이 가나요? 그리고 각각 장단점에 대해 이야기해 보세요. 必要な物を買う時一人で買いに行く方ですか。
それとも誰かと一緒に行きますか。それぞれの長所と短所について話してください。

③ 쇼핑했을 때 잘 샀다고 생각한 순간과 반대로 잘 못 샀다고 생각한 순간에 대해 설명해 보세요.
買い物をした時、買ってよかったと思った瞬間、反対によくなかったと思った瞬間について説明してください。

④ 물건을 살 때 흥정한 적이 있거나 흥정해서 사는 사람을 본 적이 있어요? 이 때 어떻게 느꼈는지 이야기해 보세요. 買い物をする時、値段交渉をしたことや値段交渉をしている人
を見たことがありますか。その時、どのように感じたか話してください。

표현 연습 |表現練習| **2**

1. 꼭 사고 싶은 것이 있는데 그것을 사기 위해서는 무조건 줄을 서야 한다면 여러분은 얼마나 기다릴 수 있는지 이야기해 보세요. 是非買いたい物があるけどそれを買うためには絶対に並ばなければなら
ないとしたら、皆さんはどのくらい待つことができるか話してください。

제가 꼭 사고 싶은

2. 알뜰한 소비자가 되기 위해서 우리는 어떤 점에 주의해야 할까요? 각자의 생각을 말해 보세요.
賢い消費者になるために私たちはどのような点に気をつけなければなりませんか。各自の考えを話してください。

■ 다음 과제를 조사해서 발표/제출하세요. 次の課題を調べて発表/提出してください。

한국과 일본에서 덤이 있는 상품에 차이가 있는지 알아 보세요.
韓国と日本でおまけがある商品に違いがあるか調べてください。

제 12 과 패션

● 학습 목표 | 学習目標 |

1 좋아하는 패션에 대해 이야기한다.　好きなファッションについて話す。

2 옷에 대한 의미나 역할에 대해 생각한다.　服が持っている意味や役割について考える。

● 이야기하기 전에 | 話す前に（ウォーミングアップ）|

13

　여러분은 매일 옷을 입을 때 고민을 많이 해요? 아니면 정해진 자신의 스타일이 있어서 쉽게 골라 입어요? 옷을 입는 목적은 패션을 즐기는 것 외에도 많은 목적이 있죠? 예를 들어 중학교나 고등학교 등에 다니는 학생이면 그 학교 학생인 것을 알 수 있게 교복을 입거나 일할 때 편하게 움직이기 위해 유니폼을 입기도 해요.

　옷은 자신의 개성을 잘 표현할 수 있는 면도 있어요. 그러나 패션에는 유행이라는 것도 있어서 유행만 따르면 개성이 사라질 수도 있어요. 그리고 패션의 유행은 그 때 사회적인 분위기나 경제 상황, 사람들의 가치관 등 많은 요소가 영향을 끼치는데 이 배경도 같이 알고 옷을 입으면 느낌  도 달라지겠죠?

　이번에는 우리가 늘 입는 옷, 패션에 대해 같이 생각해 보세요.

● 어휘 및 문형 확인 | 語彙および文型の確認 |

고르다	選ぶ	고민	悩み	즐기다	楽しむ
외	ほか	교복	（学校の）制服	움직이다	動く、動かす
개성	個性	사라지다	消える、なくなる	상황	状況
形 게	～く / に			動 기도 하다	～したりもする

● 주제 관련 어휘 | テーマ関連語彙 |

정장 　　아우터 　　캐주얼
（スーツ）　（アウター）　（カジュアル）

스트리트 스타일 　　비즈니스
（ストリートスタイル）　（ビジネス）

내가 아는

● 주제 관련 어휘 | 私が知っているテーマ関連の語彙 |
　　　　　　　　（下のスペースに書き出してみよう）

표현 연습 │表現練習│ **1**

■ 한 사람이 사회를 보면서 그룹 내에서 서로 이야기해 보세요.
一人が司会をしながらグループ内でお互いに話をしてみてください。

① 패션이라는 것은 유행이 있죠? 유행에 따라 옷을 입는 편이에요?
ファッションには流行がありますね。流行に沿って服を着る方ですか。

② 자신만의 옷 스타일에 대해 소개해 보세요.
自分だけの服のスタイルについて紹介してください。

③ 고등학교 때 교복을 입었어요? 어떤 스타일이었어요?
高校の時、制服を着ましたか。どのようなスタイルでしたか。

④ 한국식 혹은 한국 스타일 패션이라면 어떤 것을 들 수 있어요? 소개해 보세요.
韓国式、あるいは韓国スタイルのファッションといえばどのようなことが挙げられますか。紹介してください。

표현 연습 │表現練習│ **2**

1. 중학생이나 고등학생이 교복을 입는 게 좋다는 생각과 안 좋다는 생각이 있어요. 찬성과 반대로 나뉘어서 서로 이야기해 보세요.
中学生や高校生が制服を着ることがいいという考えとよくないという考えがあります。賛成と反対に分かれてお互いに話してください。

제 입장은

2. '독특한 패션도 개성의 하나다' 라는 생각이 있어요. 여러분 생각은 어때요? 같이 이야기해 보세요.
「独特なファッションも個性の一つだ」という考えがあります。皆さんの考えはどうですか。一緒に話してください。

■ 다음 과제를 조사해서 발표/제출하세요. 次の課題を調べて発表/提出してください。

한국과 일본에서 인기가 있는 옷 브랜드가 무엇인지 비교해 보세요.
韓国と日本で人気がある服のブランドが何であるか比較してください。

제13과 나의 꿈 ≪ 私の夢

● 학습 목표 | 学習目標 |

❶ 나의 꿈을 소개하고 장래 진로를 생각한다.
私の夢を紹介して、将来の進路を考える。

❷ 꿈을 이루기 위한 방법에 대해 서로 의견을 교환한다.
夢を叶えるための方法についてお互いに意見を交換する。

● 이야기하기 전에 | 話す前に（ウォーミングアップ）|

우리는 살면서 누구나 다 꿈을 가지고 있죠? 어렸을 때 꾸었던 꿈이 지금도 계속되는 경우도 있을 것이고 지금 되돌아보면 부끄럽고 미숙했다고 생각하는 꿈도 있을 거예요.

꿈을 계속 가진다는 것은 과연 좋은 건가요? 아니면 현실을 제대로 안 보는 거라고 좋지 않은 건가요? 꿈을 꿈만으로 그치지 말고 실현하기 위해 노력한 적도 있죠? 그리고 지금 여러분이 그 꿈을 위해 열심히 노력하고 있을 거예요. 꿈을 향해 뭔가에 몰두하는 모습은 보기도 좋고 나중에 꿈이 이루어지게 되면 말로 표현할 수 없을 정도로 기쁘겠죠? 그 기쁜 날을 위해 우리는 열심히 뛰어요!

● 어휘 및 문형 확인 | 語彙および文型の確認 |

꾸다	（夢を）見る	미숙하다	未熟だ	현실	現実
제대로	まともに	몰두하다	没頭する	이루어지다	叶う、成る
장래	将来	극복하다	克服する	적절하다	適切な

名 을 / 를 향해	～に向けて	動 (으) ㄹ 정도로	～するくらい

● 주제 관련 어휘 | テーマ関連語彙 |

축구 선수　간호사　유튜버
（サッカー選手）（看護師）（ユーチューバー）

부자　　복권 당첨
（お金持ち）（宝くじ当選）

내가 아는
● 주제 관련 어휘 | 私が知っているテーマ関連の語彙 |
（下のスペースに書き出してみよう）

26

표현 연습 │表現練習│ 1

■ 한 사람이 사회를 보면서 그룹 내에서 서로 이야기해 보세요.
一人が司会をしながらグループ内でお互いに話をしてみてください。

① 어렸을 때 친구들 사이에서 인기가 있는 희망 직업이 무엇이었어요?
幼い時周りの友だちの間で人気があった希望の職業は何でしたか。

② 어렸을 때 '나의 꿈'이 무엇이었어요? 그 꿈이 지금도 같아요? 각자 소개해 보세요.
幼い時の「私の夢」は何でしたか。その夢は今も同じですか。それぞれ紹介してみましょう。

③ 장래 하고 싶은 일이 뭐예요? 그것을 실현하기 위해 특별히 하고 있는 것이 있으면
소개해 보세요.
将来したい仕事は何ですか。それを実現するために特別にしていることがあれば紹介してください。

④ 주변 사람이나 유명한 사람들이 꿈을 향해 열심히 노력하는 이야기를 소개해 보세요.
周りの人や有名な人が夢に向かって一生懸命努力している話を紹介してください。

표현 연습 │表現練習│ 2

1. 꿈을 향해 노력하다가 좌절감을 느낄 때도 있을 거예요. 그럴 때 어떻게 극복하는 것이
좋을까요? 각자 아이디어를 내 보세요.
夢に向かって努力していて挫折感を感じる時もあるでしょう。そのような時、どのように克服するのがいいでしょうか。
それぞれアイディアを出してください。

제가 좌절감을

2. 꿈을 이루기 위해 어떤 노력을 해야 할까요? 옆 사람에게 적절한 조언을 해 보세요.
夢を叶えるためにどのような努力をしなければなりません。隣の人に適切なアドバイスをしてください。

챌린지
チャレンジ

■ 다음 과제를 조사해서 발표/제출하세요. 次の課題を調べて発表/提出してください。

한국과 일본 어린이들의 꿈에 차이가 있는지 알아 보세요.
韓国と日本の子どもたちの夢に違いがあるか調べてください。

제 14 과   데이트 코스 ≪ デートコース

● 학습 목표 |学習目標|

① 매력적인 데이트 코스를 이야기한다. 　魅力的なデートコースを話してみる。

② 데이트할 때 더 즐기기 위한 방법을 생각한다. デートする際の、さらに楽しむための方法を考える。

● 이야기하기 전에 |話す前に（ウォーミングアップ）|

"나 내일 남친이랑 오랜만에 데이트해~" 친구가 이런 말을 하면 여러분 어떻게 해요? 어디서 뭘 할지 물어 봐요? 아니면 같이 신나는 데이트 코스를 생각해 줘요?

친한 친구하고 어디 갈 때하고 데이트할 때는 기분이 많이 다를 거예요. 입고 갈 옷도 신경 쓸 거고 무슨 대화를 할 건지 생각도 해 보면서 많이 설레겠죠?

그런데 막상 데이트를 하고 나면 내가 생각했던 것하고 많이 다르고 기대한 만큼 제대로 못했으면 기분이 어때요? 반대로 상상했던 것보 다 훨씬 좋은 데이트였으면 다음 데이트에도 기대가 되 죠? 오늘은 신나는 데이트 코스에 대해 이야기해 봐요.

● 어휘 및 문형 확인 |語彙および文型の確認|

신 (이) 나다	テンションがあがる	대화	対話	설레다	ときめく
막상	いざ	기대하다	期待する	상상하다	想像する
훨씬	はるかに	인상	印象	바래다 주다	見送ってあげる

動 (으) 면서	～しながら	動 (으) ㄴ 만큼	～したくらい

● 주제 관련 어휘 |テーマ関連語彙|

드라이브　　영화　　놀이공원
（ドライブ）　（映画）　（遊園地）

피크닉　　콘서트　　카페
（ピクニック）（コンサート）（カフェ）

내가 아는

● 주제 관련 어휘 |私が知っているテーマ関連の語彙|
（下のスペースに書き出してみよう）

표현 연습 | 表現練習 | 1

■ 한 사람이 사회를 보면서 그룹 내에서 서로 이야기해 보세요.
一人が司会をしながらグループ内でお互いに話をしてみてください。

① 가장 인상 깊었던 데이트 코스를 소개해 보세요.

最も印象深かったデートコースを紹介してください。

② 데이트 나가기 전에 가장 신경쓰는 것이 뭐예요?

デートに出る前に最も気を使うことは何ですか。

③ 데이트할 때 약속 장소에 먼저 도착하는 편이에요? 아니면 조금 늦게 가요?
그 이유도 같이 말해 보세요.

デートする時、約束の場所に先に着く方ですか。それとも少し遅れて行きますか。その理由も一緒に話してください。

④ 데이트가 끝나면 상대편이 집까지 바래다 줘야 한다고 생각해요?

デートのあとは、相手が家まで送ってあげなければならないと考えますか。

표현 연습 | 表現練習 | 2

1. 우리가 생각하는 이상적인 데이트 코스에 대해 이야기해 보고 계획을 세워 보세요.
私たちが考える理想的なデートコースについて話してみて、その計画を立ててください。

제가 생각하는

2. 데이트를 더 즐기기 위한 이벤트를 기획해 보세요.
デートをさらに楽しむためのイベントを企画してください。

■ 다음 과제를 조사해서 발표/제출하세요.　次の課題を調べて発表/提出してください。

데이트 비용을 어떻게 부담하는 것이 좋은지 한국과 일본의 경우를 비교해
보세요.

デート費用をどのように負担するのがいいのか韓国と日本の場合で比較してください。

제 15 과 약속하기

● **학습 목표** | 学習目標 |

❶ 지금까지 한 약속을 되돌아보고 이야기한다. これまでしてきた約束を振り返り、話してみる。
❷ 약속의 중요성을 다시 생각한다. 約束の大切さを改めて考えてみる。

16

● **이야기하기 전에** | 話す前に（ウォーミングアップ）|

　약속은 어떤 일에 대해 어떻게 하기로 미리 정해 놓고 서로 지킬 것을 다짐하는 것을 말해요. 친구와 만날 시간을 정하는 것도 약속이고, 열심히 공부하겠다고 결심하는 것도 자신과의 약속이라고 할 수 있죠.

　그런데 늘 숨을 쉬며 살아서 공기의 소중함을 잊을 때가 있는 것처럼 약속의 소중함을 잊고 약속을 가볍게 생각하는 경우가 있어요. 특히 시간 약속의 경우 '5분이나 10분 정도는 늦어도 괜찮겠지' 하고 약속을 지키지 못하고 어기는 것이 반복되면 다른 사람들이 나에 대해 갖게 될 이미지나 태도는 분명히 달라질 수밖에 없겠죠.

　여러분은 오늘 누구와 무슨 약속을 했나요? 오늘은 약속에 대해 이야기해 보세요.

● **어휘 및 문형 확인**	語彙および文型の確認				
지키다	守る	다짐하다	念を押す	결심하다	決心する
숨을 쉬다	息をする	공기	空気	소중함	大切さ
태도	態度	분명히	明らかに	달라지다	異なってくる

動 아 / 어 놓다　　〜しておく　　　　動 (으) ㄹ 수밖에 없다　〜するしかない

● **주제 관련 어휘** | テーマ関連語彙 |

자유　　나중에　　미루다
(自由)　　(後で)　　(延ばす)

깨뜨리다　　책임을 지다
(破る、壊す)　　(責任を取る)

내가 아는
● **주제 관련 어휘** | 私が知っているテーマ関連の語彙 |
　　　　　　　　（下のスペースに書き出してみよう）

30

표현 연습 | 表現練習 | **1**

■ 한 사람이 사회를 보면서 그룹 내에서 서로 이야기해 보세요.
一人が司会をしながらグループ内でお互いに話をしてみてください。

① 최근에 한 약속은 무엇인가요? 누구와 무슨 약속을 했나요?
最近した約束は何ですか。誰と何の約束をしましたか。

② 지금까지 살면서 약속을 지키지 못한 적이 있어요? 왜 그랬나요?
今までの生活で約束を守れなかったことがありますか。なぜそうしましたか。

③ 어쩔 수 없이 약속을 못 지킨 상황이 된다면 어떻게 하는 것이 좋을까요?
仕方なく約束が守れない状況になったらどのようにするのがいいでしょうか。

④ 올해 자기 자신과 꼭 지키고 싶은 약속이 있어요? 무엇인지 이야기해 보세요.
今年、自分自身にとって必ず守りたい約束がありますか。何でも話してみてください。

표현 연습 | 表現練習 | **2**

1. 문화나 사람에 따라 약속 시간의 개념이 달라요. 여러분은 약속 시간을 반드시 지켜야 한다고 생각하세요? 여러분의 생각을 말해 보세요.
文化や人それぞれで約束の時間の概念が異なります。皆さんは約束の時間を必ず守らなければならないと考えますか。皆さんの考えを話してください。

제 생각에는

2. 약속을 자주 미루거나 지키지 않는 사람이 있어요. 이 사람과 약속하고 만나기 위해서는 어떻게 해야 할까요? 효과적인 방법이 있을까요? 여러분의 생각을 말해 보세요.
約束をしょっちゅう延ばしたり守らない人がいます。こういう人と約束をして会うためにはどのようにすべきでしょうか。効果的な方法があるでしょうか。皆さんの考えを話してください。

■ 다음 과제를 조사해서 발표/제출하세요. 次の課題を調べて発表/提出してください。

한국과 일본에서 약속시간에 관한 문화적인 차이가 있는지 알아 보세요.
韓国と日本で約束時間に関する文化的な違いがあるか調べてください。

● 학습 목표 | 学習目標 |

❶ 시대 흐름에 따른 연락 방법 차이를 비교해서 이야기한다.
時代の流れによる連絡方法の違いを比べて話す。

❷ 현대의 연락 방법 편리성을 재인식한다.
現代の連絡方法の便利さを再認識する。

17

● 이야기하기 전에 | 話す前に（ウォーミングアップ）|

　여러분은 주변 사람들과 어떻게 연락해요? 핸드폰을 사용해서 통화나 문자메시지를 주고 받나요? 아니면 이메일과 화상 통화를 사용하나요? 오늘날에는 이처럼 연락 방법이 아주 다양해요.

　이 중에서 지금 우리가 가장 많이 사용하는 연락 수단은 스마트폰이겠죠? 만약에 스마트폰이 사라진다면 어떻게 될까요? 가족이나 친구들과 연락하기도 힘들고, 불편한 점도 많이 있을 거예요.

　이렇게 우리는 스마트폰에 계속 의존하고 있어요. 그럼 앞으로는 연락 방법이 어떻게 바뀔까요? 오늘은 연락 방법의 변화에 대해 이야기해 봐요.

● 어휘 및 문형 확인	語彙および文型の確認					
화상	画像	다양하다	多様だ	수단	手段
만약에	万一	불편하다	不便だ	의존하다	依存する
변화	変化	옛날	昔	범위	範囲

動 나요 ?	~ですか・ますか	動 ㄴ / 는다면	~するならば

● **주제 관련 어휘** | テーマ関連語彙 |

삐삐 　　 피처폰 　　 PC통신
（ポケベル）（フィーチャーフォン）（PC通信）

영상통화 　　 앱
（ビデオ通話）　（アプリ）

내가 아는

● **주제 관련 어휘** | 私が知っているテーマ関連の語彙 |
（下のスペースに書き出してみよう）

■ 한 사람이 사회를 보면서 그룹 내에서 서로 이야기해 보세요.

一人が司会をしながらグループ内でお互いに話をしてみてください。

① 여러분은 친구들과 연락할 때 어떤 방법으로 연락해요?

皆さんは友だちと連絡をとる時どのような方法で連絡をしますか。

② 옛날식 연락 방법을 사용해서 사람들과 연락한다면 어떤 점이 불편할까요?

昔の連絡方法を使って他の人と連絡をとるのであればどのような点が不便でしょうか。

③ 여러분은 일상생활에서 어떤 점에서 핸드폰(스마트폰)에 의존하고 있나요?

皆さんは日常生活においてどういう点で携帯（スマートフォン）に頼っていますか。

④ 핸드폰이 갑자기 고장 나거나 잃어버린 적이 있었어요? 그때 어떤 불편함이 있었어요?(그런 경험이 없었다면 상상해서 이야기해보세요.)

携帯が急に故障したりなくなったりしたことがありますか。その時、どんな不便がありましたか。(そのような経験がなければ想像して話してください。)

1. 옛날에는 연락 방법의 속도가 느리고 범위도 넓지 못했어요. 하지만 지금 우리는 연락하고 싶은 사람과 편하게 연락을 할 수 있지요. 그렇다면 지금의 삶은 그때보다 행복할까요?

昔は連絡方法の速度が遅く範囲も広くありませんでした。しかし、今私たちは連絡したい人と気軽に連絡ができますね。そうだとすればあれば今の生活はその時より幸せでしょうか。

제 생각에는

2. 스마트폰 앱으로 연락을 하려고 했지만 문제가 생겼을 때 결국은 옛날 방식이 좋았다고 할 수 있을까요?

スマートフォンのアプリを使って連絡しようとしたけど問題が生じた時、結局は昔の方法の方がよかったと言えるでしょうか。

챌린지

チャレンジ

■ 다음 과제를 조사해서 발표/제출하세요. 次の課題を調べて発表/提出してください。

스마트폰을 사용하는 데 있어 한국과 일본에 어떤 차이가 있어요? 시대별, 연령별 등 종류별로 정리하세요.

スマートフォンの使用状況に韓国と日本に違いがありますか。時代別、年代別等、種類別にまとめてください。

● **학습 목표** ｜学習目標｜

① 외국어 공부를 하게 된 계기를 되돌아보고 향후 목표를 다시 확인한다.
外国語の勉強のきっかけを振り返り、今後の目標をあらためて確認する。

② 외국어 학습의 의의에 대해 생각한다.
外国語学習の意義について考える。

● **이야기하기 전에** ｜話す前に（ウォーミングアップ）｜

　여러분은 외국어 공부를 몇 살 때부터 시작했어요? 처음에 외국어를 공부했을 때 계기나 목적이 뭐였는지 기억이 나요? 외국어를 공부해서 잘할 수 있게 되면 좋은 일들이 많이 생기는 법이죠. 예를 들어 그 언어를 말하는 사람들과 직접 이야기를 나눌 수 있거나 그 나라의 드라마나 영화도 남의 힘을 빌리지 않아도 볼 수 있다는 점 등, 자신의 생각이나 세계관이 넓어질 가능성이 많아질 거예요.

　그런데 이런 실력이나 수준에 이르기까지는 눈물이 날 정도로 많은 노력과 고생을 하게 되겠지만 이 노력과 고생은 여러분이 충분히 이해할 수 있죠? 그 동안 외국어를 공부하면서 어떤 점이 힘들었는지 되돌아보면서 외국어 공부를 하는 의의에 대해 이야기해 보세요.

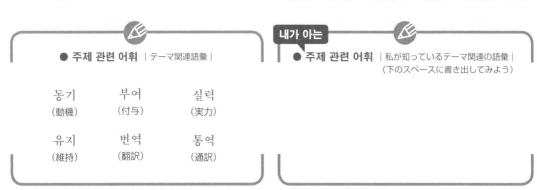

● **어휘 및 문형 확인** ｜語彙および文型の確認｜

언어	言語	직접	直接	나누다	分ける
실력	実力	수준	水準、レベル	이르다	達する
고생	苦労	충분히	十分に	좌절감	挫折感

動 는 법이다	~するものだ	動 지 않아도	~しなくても

● **주제 관련 어휘** ｜テーマ関連語彙｜

동기 (動機)	부여 (付与)	실력 (実力)
유지 (維持)	번역 (翻訳)	통역 (通訳)

내가 아는
● **주제 관련 어휘** ｜私が知っているテーマ関連の語彙｜
（下のスペースに書き出してみよう）

표현 연습 |表現練習| 1

■ **한 사람이 사회를 보면서 그룹 내에서 서로 이야기해 보세요.**
一人が司会をしながらグループ内でお互いに話をしてみてください。

① 그 동안 배운 적이(배우고) 있는 외국어가 뭐예요? 그리고 이 언어의 이미지나
특징에 대해 이 언어를 잘 모르는 사람들한테 소개하듯이 말해 보세요.
これまで習ったことがある（習っている）外国語は何ですか。そして、その言語のイメージや特徴についてよく知らない
人にそれを紹介するように話してみてください。

② 외국어 학습의 가장 큰 목적이 무엇인지 자신의 경우를 중심으로 말해 보세요.
外国語学習の最も大きな目的が何であるか自身の場合を中心に話してください。

③ 한국어를 공부하다가 좌절감을 느낀 적이 있을 거예요. 그 때 어떻게 극복했어요?
韓国語を勉強していて挫折感を感じたことがあるでしょう。その時、どのように乗り越えましたか。

④ 한국어를 더 유창하게 구사하기 위해서는 무엇을 더 공부해야 한다고 생각해요?
韓国語をさらに流暢に使いこなすためには何をさらに勉強しなければならないと考えますか。

표현 연습 |表現練習| 2

1. 언어는 말하기, 듣기, 쓰기, 읽기의 네 가지 기능이 있다고 하는데 이 중에서 무엇이 가장 중
요하다고 생각해요? 그 이유와 함께 서로 의견을 나눠 보세요.
言葉は、話す、聞く、書く、読む、の四つの機能があると言いますが、この中で何が最も重要だと考えますか。その理由と
共にお互いに意見を交わしてください。

제가 제일 중요하다고

2. 외국어를 공부할 필요가 없다고 하는 사람도 있는데 이런 사람들에게 외국어 공부가 필
요한 이유를 열거해서 외국어를 배우는 마음이 생기도록 이야기 해 보세요.
外国語を勉強する必要がないという人もいますが、このような人に外国語の勉強が必要である理由を挙げて、外国語を学ぶ
気持ちになるよう話してください。

■ **다음 과제를 조사해서 발표/제출하세요.** 次の課題を調べて発表/提出してください。

한국에서 일본어를, 일본에서 한국어를 공부하는 사람이 얼마나 있는지
알아 보고 이 현상에 대해 정리하세요.

韓国で日本語を、日本で韓国語を勉強している人がどのくらいいるかを調べて、その現状についてまとめてください。

● 학습 목표 ｜学習目標｜

❶ 기념일의 종류와 내용에 대해 정보 교환을 한다.　記念日の種類と内容について情報交換をする。
❷ 기념일의 의의에 대해 서로 의견을 말한다.　記念日の意義についてお互いに意見を交わす。

● 이야기하기 전에 ｜話す前に（ウォーミングアップ）｜

　평상시와 다른 일이 많이 일어나면 그 날을 잊을 수 없는 날로 오랫동안 특별한 날로 기억할 거예요. 생일은 물론이거니와 나만의 특별한 날, 소중한 사람들과의 특별한 날 등 사람들은 크고 작은 이벤트가 많이 있어요.

　기념일에는 각각 의미가 있는데 이것을 곰곰이 생각해 본 적이 있어요? 그리고 어떤 기념일에는 사람들이 누구나 다 똑같이 하는 통과의례와 같은 것이 있어요. 이렇게 오랫동안 전통적으로 지내 왔던 것도 있는 반면에 우리가 살면서 새로 만든 기념일도 있죠? 여러분도 가족끼리, 형제 자매끼리, 친구들끼리 가지는 특별한 날이 있을 거예요.

　이번에는 개인이나 가족 혹은 각 지방이나 나라에 있는 다양한 기념일에 대해 같이 이야기해 보세요.

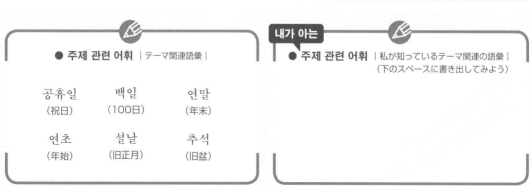

● 어휘 및 문형 확인 ｜語彙および文型の確認｜					
평상시	普段	오랫동안	長い間	물론	もちろん
소중하다	大切だ	곰곰이	じっくりと	통과의례	通過儀礼
전통적	伝統的	끼리	同士	개인	個人

指 거니와	～であるが	動 는 반면에	～する反面

● 주제 관련 어휘 ｜テーマ関連語彙｜

공휴일	백일	연말
(祝日)	(100日)	(年末)
연초	설날	추석
(年始)	(旧正月)	(旧盆)

내가 아는 ● 주제 관련 어휘 ｜私が知っているテーマ関連の語彙｜
（下のスペースに書き出してみよう）

표현 연습 │表現練習│ **1**

■ 한 사람이 사회를 보면서 그룹 내에서 서로 이야기해 보세요.
一人が司会をしながらグループ内でお互いに話をしてみてください。

① 일본에 살면서 절대로 빠뜨릴 수 없는 날이 있다면 무슨 날일까요?
日本で暮らしながら絶対に欠かすことができない日があるとすれば何の日ですか。

② 일본이나 한국에서 널리 알려져 있는 기념일은 어떤 날이 있어요?
日本や韓国で広く知られている記念日にはどのような日がありますか。

③ ②에서 이야기한 각 기념일에는 어떤 뜻이 있고 또 무엇을 하는 날인지 소개해 보세요.
②で話した各記念日にはどのような意味があり、また何をする日か紹介してください。

④ 한국에서 알려져 있는 기념일 중에서 일본에도 있으면 하는 기념일은 어떤 날인지 이유와 같이 설명해 보세요.
韓国で知られている記念日のうち、日本にもあればいいと思う記念日はどのような日か、理由と共に説明してください。

표현 연습 │表現練習│ **2**

1. 모든 기념일에는 의미가 있고 중요하다고도 생각되는데 그래도 이해가 잘 안 되는 기념일이나 행사가 있을 거예요. 왜 그렇게 보는지 이야기 해 보세요.
全ての記念日には意味があり、重要だと思いますが、それでもよく理解ができない記念日や行事もあるでしょう。なぜそのように見えるのか話し合ってください。

제가 생각하는

2. 새로운 기념일을 만든다면 어떤 날을 만들면 좋을까요? 같이 이야기해 보세요.
新しい記念日を作るのであればどのような日を作ったらいいでしょうか。一緒に話してください。

■ 다음 과제를 조사해서 발표/제출하세요. 次の課題を調べて発表/提出してください。

한국과 일본 양국 간에서 나타난 공휴일의 공통점과 차이점에 대해 알아 보세요.
韓国と日本の両国間で見られる祝祭日の共通点と相違点について調べてください。

식생활과 식사 예절 ≪ 食生活と食事マナー

● 학습 목표 | 学習目標 |

❶ 식사 예절 등에 관한 사고 방식에 대해 의견 교환을 한다.
食事マナー等に関する考え方について意見交換をする。

❷ 식생활 차이에 대해 알고 이해한다.
食生活の違いについて知り、理解する。

● 이야기하기 전에 | 話す前に（ウォーミングアップ）|

매일 아침에 밥을 꼭 먹어야 된다고 하는 사람도 있고 반대로 먹지 않아도 된다고 하는 사람도 있어요. 여러분은 아침에 아무것도 안 먹어도 괜찮아요? 그리고 밥을 먹을 때는 자신이 좋아하는 것만을 골라서 먹나요? 아니면 영양을 생각해서 좋아하지 않는 것도 억지로 먹나요?

학교 친구나 직장 동료하고 이야기를 나누면서 밥을 먹는 것은 즐거운 일이에요. 그런데 같이 먹으면서 신경 쓰이는 경우가 있으면 어떻게 해요? 서로 먹는 스타일이 다를 수도 있는데 보기 안 좋은 거나 안 했으면 하는 것이 있으면 그 친구한테 말을 하나요? 이번에는 식생활과 매너에 대해 이야기해 보세요.

● 어휘 및 문형 확인	語彙および文型の確認				
꼭	必ず	반대로	反対に	영양	栄養
직장	職場	동료	同僚	즐겁다	楽しい
스타일	スタイル	매너	マナー	잔소리	小言

動 기 안 좋다	～するのがよくない	動 았 / 었으면 하다	～したらいいと思う

● 주제 관련 어휘	テーマ関連語彙		**내가 아는** ● 주제 관련 어휘	私が知っているテーマ関連の語彙	（下のスペースに書き出してみよう）

수저 　　숟가락 　　젓가락
(箸とスプーン) 　(スプーン) 　　(箸)

그릇 　　　　　어른
(うつわ、食器) 　　(大人、目上の人)

표현 연습 | 表現練習 | **1**

■ 한 사람이 사회를 보면서 그룹 내에서 서로 이야기해 보세요.
一人が司会をしながらグループ内でお互いに話をしてみてください。

① 좋아하는 음식과 싫어하는 음식에 대해서 그 이유가 무엇인지 같이 말해 보세요.
好きな食べ物と嫌いな食べ物についてその理由が何であるか、いっしょに話してください。

② 어렸을 때 밥을 먹으면서 잔소리를 들은 적이 있어요? 어떤 내용이었어요?
小さい時、ご飯を食べながら小言を言われたことがありますか。どのような内容でしたか。

③ 집에서 식사할 때(하기 전에, 한 후에) 꼭 지켜야 하는 매너에 대해서 소개해 주세요.
家で食事する時 (する前に、した後に)、必ず守らなければならないことを紹介してください。

④ 다른 나라 친구와 식사할 때 식사 문화나 메너(예절)가 달라서 놀란 적이 있으면
소개해 보세요. 그 때 어떻게 느꼈어요?
他の国の友だちと食事をする時、食事の文化やマナー (礼儀) が異なって驚いたことがあれば紹介してください。その時
どのように感じましたか。

표현 연습 | 表現練習 | **2**

1. 밥을 먹을 때 혼자 먹어도 괜찮아요? 아니면 꼭 누구하고 같이 먹어야 돼요? 각각의 장단
점에 대해서 이야기해 보세요.
ご飯を食べる時、一人で食べても大丈夫ですか。または必ず誰かと一緒に食べなければなりませんか。それぞれの長所と短
所について話してください。

저는 혼자

2. 남하고 같이 식사할 때 가장 중요하다고 생각하는 매너가 뭐예요?
他人と一緒に食事する時、最も重要だと考えるマナーは何ですか。

■ 다음 과제를 조사해서 발표/제출하세요.　次の課題を調べて発表/提出してください。

한국하고 일본에서 식사할 때 사용하는 도구나 매너에 어떤 차이가 있는
지 알아보고, 특히 우리가 조심해야 하는 것이 무엇인지 생각해 보세요.
韓国と日本で食事する時、使用する道具やマナーにどのような違いがあるのか調べて、特に私たちが気をつけな
ければならないことが何であるか考えてください。

제20과 교통수단 ≪ 交通手段

● 학습 목표 |学習目標|

1 교통수단 발달을 알고 편리성에 대해 이야기한다.
交通手段の発達を知り、その利便性について話す。

2 미래의 교통수단 변화에 대해 이야기하고 장단점을 생각한다.
未来の交通手段について話し、長所と短所を考える。

● 이야기하기 전에 |話す前に（ウォーミングアップ）|

교통수단은 자전거, 오토바이, 자동차, 기차, 선박, 비행기처럼 사람과 물건을 쉽게 옮기도록 도와 주는 것을 말해요. 옛날에는 걸어서 다니거나 말을 타기도 했고 말이 끄는 수레나 마차 등 자연과 동물의 힘을 이용한 교통 수단을 주로 이용했어요. 오늘날 교통수단이 발달하면서 지역 및 국가 간의 교류가 활발해져 생활에 많은 변화가 나타나기도 했죠.

그렇다면 앞으로의 교통수단은 지금과 어떻게 달라질까요? 먼저 요즘 화제가 돼서 시선을 끄는 무인자동차가 있어요. 스스로 자동차가 운전을 해 줘서 목적지까지 갈 수 있기 때문에 운전할 필요가 없어요. 무인자동차가 나오면 누구나 편하게 자동차를 이용할 수 있겠죠? 다음으로 소개할 것은 일인용 비행 장치예요. 옷처럼 만든 비행 장치를 입으면 하늘을 날아갈 수 있다고 해요. 그리고 혹시 하늘을 나는 배와 기차도 언젠가 나올 날이 있겠지요.

미래에는 더 다양하고 편리한 교통수단을 이용할 수 있겠죠? 여러분은 어떤 교통수단을 이용해 보고 싶어요? 오늘은 교통수단에 대해서 이야기해 보세요.

● 어휘 및 문형 확인 |語彙および文型の確認|

교통	交通	선박	船舶	끌다	引っ張る
수레	手押し車、リアカー	마차	馬車	자연	自然
발달하다	発達する	운전	運転	장치	装置
動 도록	～するように		動 거나	～したり	

표현 연습 |表現練習| **1**

■ 한 사람이 사회를 보면서 그룹 내에서 서로 이야기해 보세요.
一人が司会をしながらグループ内でお互いに話をしてみてください。

① 여러분이 자주 이용하는 교통수단이 뭐예요?
皆さんがよく利用する交通手段は何ですか。

② 교통수단의 발전에 따른 장점과 단점에는 무엇이 있을까요?
交通手段の発達による長所と短所には何があるでしょうか。

③ 앞에서 설명한 미래 교통수단 중에서 어떤 것을 이용해 보고 싶어요?
「話す前に」で取り上げた未来の交通手段のうちどのようなものを利用したいですか。

④ 일본에는 한국과 다른 독특한 교통수단이나 교통 문화가 있나요?
日本には韓国と異なる独特な交通手段や交通文化（習慣）がありますか。

표현 연습 |表現練習| **2**

1. 최근의 교통수단 중 대중교통을 이용하는 사람들이 많습니다. 대중교통과 관련된 사회적
이슈거리에는 무엇이 있을까요?
最近の交通手段のうち公共交通を利用する人がたくさんいます。公共交通と関連した社会的なイシューとして何がありますか。

제가 생각하는
_____
_____
_____

2. 미래의 교통수단이 개발되어 이용될 때 어떤 문제점들이 나타날까요?
未来の交通手段が開発されて利用される時、どのような問題が生じるでしょうか。

_____
_____
_____

■ 다음 과제를 조사해서 발표/제출하세요.　次の課題を調べて発表/提出してください。

한국과 일본의 주요 도시에 있는 대중교통 노선이나 비용 등에 대해서
알아보세요.
韓国と日本の各主要都市にある公共交通の路線や運賃等について調べてください。

제**21**과 　제철 음식 　　　　　≪ 旬の食べ物

● **학습 목표** │学習目標│

❶ 계절마다 특색이 있는 음식에 대해 알고 이야기한다.
　季節ごとに特色のある食べ物について知り、話をする。

❷ 옛날부터 이어온 계절 음식이 가지는 의미에 대해 생각한다.
　長い間受け継がれてきた季節の食べ物の持つ意味について考える。

● **이야기하기 전에** │話す前に（ウォーミングアップ）│

　계절에 알맞은 음식을 제철 음식이라고 해요. 요즘은 계절에 상관없이 여러 음식들을 먹기는 하지만, 그때그때 계절에 따라 생산되는 식재료로 만든 음식은 맛이 좋고 건강에도 좋아요.

　전통적으로 한국에서는 계절에 따라 먹는 음식이 있어요. 봄에는 쑥으로 떡을 만들어 먹거나 국을 끓여 먹었어요. 진달래꽃을 떡이나 전에 넣어서 만들어 먹기도 했지요. 더위에 지치기 쉬운 여름이면 삼계탕과 같은 보양식을 먹고 힘을 냈어요. 특히 여름에는 땀을 많이 흘리기 때문에 수박과 같은 수분이 많은 과일을 먹기도 했어요. 가을에 추석이 되면 새로 수확한 쌀로 송편을 만들어 먹었고, 추운 겨울에는 따뜻한 음식을 주로 먹었어요. 고기를 넣어 보글보글 끓인 전골이나 국을 먹었지요. 겨울에는 채소를 키울 수가 없어 김장을 했어요.

　요즘은 계절에 따라 특별하게 먹는 음식이 많지는 않지만 여름에 보양식을 먹고 가을에 송편을 먹고 겨울에 김장을 하는 것은 변하지 않아요. 여러분은 어떤 계절 음식을 먹나요? 오늘은 좋아하는 계절 음식에 대해 이야기해 봐요.

● **어휘 및 문형 확인** │語彙および文型の確認│

알맞다	適した	상관없이	関係なく	진달래	ツツジ
수박	スイカ	새로	新しく	주로	主に
채소	野菜	키우다	育てる	변하다	変わる

動 기는 하다	～することはする		動 기 쉽다	～しやすい

42

표현 연습 |表現練習| **1**

■ 한 사람이 사회를 보면서 그룹 내에서 서로 이야기해 보세요.
一人が司会をしながらグループ内でお互いに話をしてみてください。

① 여러분은 계절마다 특별히 먹는 음식이 있나요?
皆さんは季節ごとに特別に食べる食べ物がありますか。

② 일본과 한국의 계절 음식은 특별히 무엇이 달라요?
日本と韓国の季節の食べ物は特に何が違いますか。

③ 한국의 계절 음식 중에 먹어 본 음식이 있어요? 어땠어요?
韓国の季節の食べ物のうち、食べたことがあるものがありますか。どうでしたか。

④ '보양식' 이라는 단어를 들으면 생각나는 음식은 뭐가 있나요?
「滋養食」という単語を聞いたら思いつく食べ物には何がありますか。

표현 연습 |表現練習| **2**

1. '이열치열(以熱治熱)' 이라는 사자성어를 들어본 적이 있어요? '날씨가 더울 때 뜨거운 음식을 먹고 더위를 이긴다' 는 뜻이에요. 여러분은 이 말에 대해 어떻게 생각해요?
「以熱治熱」という四字熟語を聞いたことがありますか。「暑い日に熱い食べ物を食べて暑さに勝つ」という意味です。皆さんはこの言葉についてどのように考えますか。

저는 이 말에 대해

2. 한국 사람들은 뜨거운 국물을 마시거나 뜨거운 목욕탕에 들어간 다음, "아~ 시원하다." 라고 말하기도 해요. 이 '시원하다' 라는 말을 한국 사람이 말한 것을 들어 본 적이 있어요?
韓国の人は熱いスープを飲んだり熱い銭湯のお風呂に入ると「あ〜、さっぱりする」と言ったりもします。この「시원하다」という言葉を韓国の人が言っているのを聞いたことがありますか。

챌린지
チャレンジ

■ 다음 과제를 조사해서 발표/제출하세요.　次の課題を調べて発表/提出してください。

건강이 좋지 않을 때 먹는 것에 한국과 일본에 차이가 있는지 여러 음식을 제시하면서 비교해 보세요.
健康状態がよくない時に食べるものに韓国と日本に違いがあるのか、様々な食べ物を挙げて比べてみましょう。

제22과 선물 문화

● **학습 목표** | 学習目標 |

❶ 우리가 주고 받는 선물에는 어떤 것이 있는지 이야기한다.
　私たちがやり取りする贈り物にはどのようなものがあるか話をする。

❷ 선물의 의미와 가치에 대해 생각한다.
　贈り物の意味と価値について考える。

● **이야기하기 전에** | 話す前に（ウォーミングアップ）|

　우리는 살면서 기쁜 일이 있을 때나 특별한 날에 선물을 주고 받아요. 이러한 선물 문화가 있기 때문에 오고 가는 선물 속에서 서로에 대한 마음을 전할 수 있어요. 오미야게, 오쿠리모노, 프레젠트처럼 상황에 따라 구분하여 다르게 부르는 일본의 선물 문화와는 다르게, 한국에서는 선물의 이름을 특별하게 따로 부르지는 않지만 선물을 많이 하죠.

　한국 사람들은 생일이나 결혼, 입학 등 축하할 일이 있거나 설날, 추석과 같은 명절에 주위 사람들에게 선물을 해요. 선물의 품목은 줄 때가 언제이고 받는 사람이 누구냐에 따라 달라져요. 생일이나 입학을 축하할 때는 보통 그 사람에게 필요한 것을 주고, 결혼 선물로는 집안 살림이나 집을 꾸미는 데 도움이 되는 생활용품을 주기도 해요. 그리고 결혼식 때는 축의금을 주기도 하죠. 명절 선물로는 과일이나 고기, 생선, 홍삼, 상품권 등이 인기가 많아요.

　요즘은 과학 기술이 발달하고, 사람들의 인식이 달라지면서 선물 문화도 변화하고 있어요. 한국에서는 '기프티콘'이나 모바일 상품권 등을 선물하는 것이 낯설지 않아요.

　여러분은 주변 사람들에게 어떤 선물을 하나요? 오늘은 선물 문화에 대해 이야기해 봐요.

● 어휘 및 문형 확인	語彙および文型の確認				
문화	文化	전하다	伝える	구분하다	区分する
따로	別途、他に	명절	名節	집안	家の中、家庭
살림	暮らし	꾸미다	飾る、装う	낯설다	見慣れない
指 냐	～であるか			動 는 데	～する場合、時

표현 연습 |表現練習| **1**

■ 한 사람이 사회를 보면서 그룹 내에서 서로 이야기해 보세요.
一人が司会をしながらグループ内でお互いに話をしてみてください。

① 지금도 기억에 남는 선물을 받아본 적이 있나요? 그게 무엇이었나요?

今でも記憶に残っている贈り物をもらったことがありますか。それは何でしたか。

② 한국에서는 연인 사이에 보내면 안 되는 선물이 있어요. 무엇일까요?

韓国では恋人との間で送ってはいけないプレゼントがあります。何でしょうか。

③ 오늘은 여러분에게 소중한 사람의 생일이에요. 여러분은 그 사람에게 무엇을 선물하고 싶어요? 왜 그 선물을 선택했나요?

今日は皆さんにとって大切な人の誕生日です。皆さんはその人に何を贈りたいですか。なぜその贈り物を選びましたか。

④ 일본의 관광지를 여행할 때 주로 무슨 선물(오미야게)를 사요?

日本の観光地を旅行する時、主にどんな贈り物（おみやげ）を買いますか。

표현 연습 |表現練習| **2**

1. 최근 한국의 젊은 세대들은 선물을 온라인 상에서 주는 것을 좋아하기도 해요. 여러분은 이런 선물에 대해 어떻게 생각해요?

最近、韓国の若者世代は贈り物をオンライン上で送ることを好んだりもします。皆さんはこのような贈り物についてどのように考えますか。

제 생각은

2. 한국에서는 서로 이해관계가 있는 사람에 대해 선물의 금액을 제한하는 법이 있어요. 이 것에 대해 어떻게 생각해요?

韓国ではお互いに利害関係がある人に対して贈り物の金額を制限する法律があります。これについてどのように思いますか。

■ 다음 과제를 조사해서 발표/제출하세요. 次の課題を調べて発表/提出してください。

한국과 일본의 선물 문화에는 어떤 차이가 있는지 생일이나 기념일 등 상황별로 정리해 보세요.

韓国と日本の贈り物文化にはどのような違いがあるのか、誕生日や記念日など、状況別にまとめてください。

제23과 사람을 돕는 일 ≪ 人を手伝うこと

● 학습 목표 │学習目標│

❶ 지금까지 주고 받았던 도움에 대해 이야기한다.
今までどのように助けられ、助けたのかについて話をする。

❷ 사람을 돕는 의미에 대해 생각한다.
人を助けることの意味について考える。

● 이야기하기 전에 │話す前に（ウォーミングアップ）│

우리는 사회를 이루어 서로 두우며 세상을 살아가요. 오늘 하루를 생각해 보세요. 아침에 일어나서 지금까지 나 혼자만의 힘으로 할 수 있는 일은 얼마나 될까요? 누구에게서 어떤 도움을 받았는지 생각해 보세요. 반대로 여러분이 다른 사람을 도운 경우는 없었나요?

도움을 가장 많이 주고받는 사람들은 가족이나 친구 등 주변 사람들이지요. 집이나 학교에서 늘 함께 있기 때문에 잊고 지낼 때가 많지만, 우리는 서로 작은 도움을 항상 주고 받으며 살고 있어요.

봉사활동이나 기부를 통해서 다른 사람에게 도움을 줄 수도 있지요. 이러한 봉사활동이나 기부는 개인적으로 할 수도 있지만 자선단체를 통해서 할 수도 있어요. 여러분은 어떤 자선단체를 알고 있어요? 세계 곳곳에서 활동하는 구호단체나 자선단체에 우리는 어떤 방법으로 힘을 보탤 수 있을까요? 요즘은 스마트폰 앱을 통해서도 기부를 할 수 있고 재능기부처럼 기부하는 방법도 많아졌어요.

이외에도 우리는 뉴스나 신문을 통해서 위험한 상황에 처한 다른 사람들을 도와주는 사람들의 소식을 들을 수 있어요. 그 사람들은 어떤 일을 했나요? 만약 같은 상황이라면 우리는 똑같이 행동할 수 있을까요? 우리가 다른 사람을 돕는 일에 대해 이야기해 봐요.

● 어휘 및 문형 확인 │語彙および文型の確認│

이루다	成す、構成する	돕다	助ける、手伝う	세상	世の中、世間
항상	常に	봉사활동	奉仕活動	자선단체	慈善団体
보태다	加える	위험하다	危険だ	처하다	身を置く、処する

名을 / 를 통해	～を通じて	名(이)라면	～であるなら

46

표현 연습 |表現練習| **1**

■ 한 사람이 사회를 보면서 그룹 내에서 서로 이야기해 보세요.
一人が司会をしながらグループ内でお互いに話をしてみてください。

① 최근에 다른 사람에게 준 도움은 무엇인가요?
最近他人に何か手助けをしましたか。

② 자신을 도와준 사람 중에 가장 기억에 남는 사람은 누구인가요? 그 사람에게 어떤 도움을 받았어요?
自身を助けてくれた人の中で最も記憶に残っている人は誰ですか。その人からどのような助けを得ましたか。

③ 여러분이 알고 있는 자선단체나 구호단체에 대해 이야기해 보세요. 그 단체에서는 어떤 일을 해요?
皆さんが知っている慈善団体や守護 (愛護) 団体を話してください。その団体ではどのようなことをしていますか。

④ 다른 사람을 돕기 위해 우리는 어떤 행동을 할 수 있을까요?
他の人を助けるために私たちはどのような行動ができるでしょうか。

표현 연습 |表現練習| **2**

1. 봉사활동을 하면 점수를 받을 수 있는 경우도 있다고 해요. 다른 사람을 돕는 것은 좋은 일이지만 봉사점수를 얻기 위해 의무적으로 봉사활동을 하는 것은 문제가 있다고 이야기하는 사람들도 있어요. 여러분 생각은 어떤가요?
奉仕活動をすれば点数がもらえる場合もあるといいます。他の人を助けることはいいことですが、点数を得るために義務的に奉仕活動をすることは問題があると話す人もいます。皆さんの考えはどうですか。

제 생각은 _____

_____

2. 세계 곳곳에는 전쟁이나 자연 재해 등으로 힘들어 하는 사람들이 많이 있어요. 이런 사람들을 돕는 일에 대해 일부 사람들은 우리 나라에 있는 어려운 사람을 먼저 도와야 한다고 말해요. 여러분은 이 의견에 대해 어떻게 생각해요?
世界のあちこちで戦争や自然災害等により大変な (目にあっている) 人がたくさんいます。このような人を助けることについて、一部の人は私たちの国にいる大変な人を先に助けなければならないと言います。皆さんはこの意見についてどう考えますか。

_____

_____

_____

챌린지
チャレンジ

■ 다음 과제를 조사해서 발표/제출하세요.   次の課題を調べて発表/提出してください。

한국과 일본에서 대학생이나 직장인들이 하는 봉사활동에는 어떤 차이가 있는지 알아 보세요.
韓国と日本で大学生や社会人が行う奉仕活動にはどのような違いがあるのか調べてください。

제24과 위로의 방법 ≪ 癒やし・慰め方

● 학습 목표 │学習目標│

❶ 힘들 때 위로할 수 있는 방법에 대해 이야기한다.
大変なときの、慰める方法について話す。

❷ 위로를 통해 안정을 찾게 해서 새로운 도전을 할 수 있도록 같이 생각한다.
慰めを通して安定を探し出し、新しい挑戦ができるよう共に考える。

● 이야기하기 전에 │話す前に（ウォーミングアップ）│

25

일이나 인간관계에서 실패를 겪고 난 뒤 스스로를 자책하는 사람들을 가끔 볼 수 있어요. 그런 사람들이 내 주변에 있다면 어떻게 위로해 주면 좋을지 고민을 하게 되지요?

이때, 사람을 위로하는 방법을 세 가지로 나누어 볼 수 있어요. 첫 번째는 부정적으로 생각하는 부분을 바꿔서 이야기해 주는 방법이에요. '아니야, 그렇지 않아. 넌 멋져'라고 그 사람이 잘못이 없다는 점을 강조하는 거죠. 두 번째는 일을 너무 크게 생각하지 말라고 이야기를 해 주는 방법이에요. '그거 알고 보면 별일 아니야'라고 상대가 지나치게 걱정하고 있다는 것을 알려 주는 방법이에요. 마지막은 '이것도 다 좋은 경험이 될 거야'라며 일에 대해 긍정적인 면을 알려 주는 거예요. 실패에서도 배울 게 있다고 말하는 것처럼 긍정적인 부분을 강조해 주는 방법이에요.

이 중에서 여러분은 어떤 것이 가장 효과적인 위로의 방법이 될까요? 많이 힘들어하고 자책하는 친구에게 긍정적인 내용의 응원이 도움이 될까요? 그리고 마음이 다친 사람들이 원하는 것은 소위 '듣기 좋은 이야기들'일까요? 여러분은 어떻게 생각해요? 오늘은 위로에 대해 이야기해 봐요.

● 어휘 및 문형 확인 │語彙および文型の確認│

실패	失敗	자책하다	自責する	부정	否定
강조	強調	별일	大したこと	긍정적	肯定的
효과적	効果的	심하다	ひどい	따끔하다	厳しい

動 고 나다	~してから	形 (으)ㄹ지	~か

표현 연습 │表現練習│ **1**

■ 한 사람이 사회를 보면서 그룹 내에서 서로 이야기해 보세요.
一人が司会をしながらグループ内でお互いに話をしてみてください。

① 여러분은 일이나 인간관계에서 실패를 경험해 봤나요? 어떤 경우인가요?

皆さんは仕事や人間関係で失敗をした経験がありますか。どのような場合でしたか。

② 앞 글에 있는 세 가지의 위로 방법 중 어떤 것이 가장 효과적인 방법일까요?

「話す前に」で取り上げた3つの方法のうち、どれが最も効果的な慰めの方法でしょうか。

③ 주변 사람들에게 위로를 해 준 적이 있나요? 어떻게 위로를 해 줬어요?

周りの人を慰めたことがありますか。どのように慰めましたか。

④ 자신을 심하게 자책하고 있는 친구가 있다면 어떤 말을 해 주는 것이 좋아요?

ひどく自責している友だちがいたらどんなことばを掛けたらいいですか。

표현 연습 │表現練習│ **2**

1. 따뜻한 위로보다 따끔한 충고가 더 힘을 나게 할 때도 있어요. 어려운 상황에서 위로와 충고 중 어느 것이 더 도움이 될까요?
あたたかい慰めより厳しい忠告がより力を与えることもあります。大変な状況では、慰めと忠告のうちどちらの方が役に立つでしょうか。

제 경우는
_____
_____
_____

2. 자신만의 위로 방법이 있나요? 여러분의 경험을 돌아보고 자신의 생각을 이야기해봐요.
自分だけの慰めの方法がありますか。皆さんの経験を振り返り、自身の考えを話してください。

_____
_____
_____
_____

챌린지
チャレンジ

■ 다음 과제를 조사해서 발표/제출하세요. 次の課題を調べて発表/提出してください。

드라마나 영화에서 친구를 위로해 주는 장면이 있어요. 한국과 일본에서 위로해 주는 방법에 차이가 있는지 알아 보세요.

ドラマや映画で友だちを慰める場面があります。韓国と日本で慰める方法に違いがあるのか調べてください。

제25과 전통의 아름다움 ≪ 伝統の美しさ

● 학습 목표 │学習目標│

❶ 전통적인 물건에는 어떤 것이 있는지 이야기한다.
　伝統的な物にはどのような物があるか話をする。

❷ 전통미는 우리에게 어떤 가치가 있는지 생각한다.
　伝統美は私たちにどのような価値があるのか考える。

● 이야기하기 전에 │話す前に（ウォーミングアップ）│

　　일본과 한국의 아름다움을 보여 주는 것에는 무엇이 있을까요? 한국 전통의 아름다움을 보여주는 것 중에서 내표적인 것에는 한옥과 한복이 있어요.

　　한옥은 한국의 전통 방식으로 지은 집이에요. 한옥에서는 한국의 자연 환경과 각 지역의 고유한 생활 방식, 그리고 옛 조상들의 생각을 찾아 볼 수 있어요. 한옥의 매력은 '조화'예요. 한옥의 부드러운 지붕 모양은 한국 곳곳의 산과 닮았어요. 자연과 집의 조화를 생각한 조상들의 지혜가 나타나 있다고 할 수 있어요.

　　서울 경복궁 등의 궁궐들과 한옥 마을에는 한복을 입은 사람들을 쉽게 볼 수 있어요. 한복은 한국의 고유한 옷을 말해요. 직선과 곡선이 조화를 이루어 아름다워요. 또한 한복은 손을 움직이기에 편하면서도 단정해요. 한복을 입어 본 적이 있어요? 어떤 느낌이었나요? 또 한복의 색깔은 어떤가요?

　　일본과 한국의 전통미는 비슷한가요? 어떤 점이 비슷하고, 어떤 점이 다를까요? 오늘은 전통의 아름다움에 대해 이야기해 보세요.

● 어휘 및 문형 확인 │語彙および文型の確認│

대표적	代表的	방식	方式	지역	地域
고유	固有	조상	先祖	매력	魅力
지붕	屋根	닮다	似る	지혜	知恵

形 (으)ㅁ	(形容詞の名詞化) ～い／なこと	動 (으)면서도	～しながらも

■ 한 사람이 사회를 보면서 그룹 내에서 서로 이야기해 보세요.
　一人が司会をしながらグループ内でお互いに話をしてみてください。

① 한국의 옛 건물이나 전통 공예품을 본 적이 있나요? 어떻게 느꼈어요?
　韓国の昔の建物や伝統工芸品を見たことがありますか。どのように感じましたか。

② 한국 전통의 아름다움을 체험하기 위해 어디에 가서 무엇을 해 보고 싶나요?
　韓国の伝統の美しさを体験するためにどこに行き、何をしたいですか。

③ 일본의 전통인 아름다움을 한국인에게 소개한다면 무엇을 소개하고 싶어요?
　日本の伝統的な美しさを韓国の人に紹介するなら何を紹介したいですか。

④ 전통적인 아름다움 중 여러분이 좋아하는 것은 무엇인가요? 건물이나 그릇, 그림 등에 대해서 자유롭게 이야기해 보세요.
　伝統的な美しさのうち、皆さんが好きなものは何ですか。建物や器、絵等について自由に話してください。

1. 전통에 대해 이야기해 보세요. 전통은 변함없이 그대로 이어져야 할까요? 아니면 시대에 맞게 변해야 할까요? 어떻게 생각하세요?
　伝統について話してみましょう。伝統は変わることなくそのまま受け継がれなければならないでしょうか。それとも時代に合うよう変化しなければならないでしょうか。どのように考えますか。

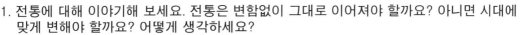

제가 생각하는

2. 현대적인 미적 가치관은 각 나라의 고유한 문화적 특징보다도 전 세계에서 공통적인 모습으로 나타나고 있어요. 오늘날 글로벌 시대에서 이 현상은 자연스러운 걸까요? 아니면 가치관의 다양성이 부정되는 현상으로 볼 수 있을까요?
　現代的な美的価値観は各国の固有な文化的特徴よりも全世界で共通した姿として現れています。今日のグローバル時代においてこの現象は自然なものでしょうか。それとも、価値観の多様性を否定する現象として見ることができるでしょうか。

챌린지
チャレンジ

■ 다음 과제를 조사해서 발표/제출하세요.　次の課題を調べて発表/提出してください。

한국과 일본에서 전통 문화를 체험할 수 있는 곳을 찾아서 각 특징에 대해 간단하게 정리해 보세요.
韓国と日本で伝統文化が体験できるところを調べてそれぞれの特徴について簡単にまとめてください。

著者プロフィール

酒勾康裕（さかわ・やすひろ）
慶熙大学校文科大学国語国文学科博士課程を経た後、
現在、近畿大学国際学部国際学科東アジア専攻准教授
一般社団法人駐大阪韓国文化院世宗学堂理事
『テーマで読む韓国語（中級～中上級編）～頻出単語で多読に挑戦』
（共著・駿河台出版社）、『三訂版・韓国語の世界へ　入門編』
『改訂版・韓国語の世界へ　初中級編』（共著・いずれも朝日出版社）

金重燮（きむ・じゅんそぶ）
現在、慶熙大学校文科大学国語国文学科教授
慶熙大学校国際教育院院長
（社）国際韓国語教育学会代表理事
日本韓国語教育学会諮問委員
『できる韓国語慣用表現』（アスク）

ワイワイ話そう中級韓国語
-25のトピックにチャレンジ-

検印
省略

© 2023 年 1 月 30 日 初版発行

著者	酒勾康裕 金　重燮
発行者	小川　洋一郎
発行所	株式会社　朝日出版社 101-0065　東京都千代田区西神田 3-3-5 電話　03-3239-0271/72 振替口座　00140-2-46008 http://www.asahipress.com/

組版・デザイン／（株）剛一　印刷／信毎書籍印刷